MAURICE KUFFERATH

LE THÉATRE

DE

R. Wagner

DE TANNHÆUSER A PARSIFAL

Essais de critique littéraire, esthétique et musicale

L'Anneau du Nibelung

Siegfried

BRUXELLES
SCHOTT FRÈRES
Editeurs
82, Mont. de la Cour

PARIS
LIBRAIRIE FISCHBACHER
(Société anonyme)
33, Rue de Seine, 33

LEIPZIG, Otto Junne

1891

DEUXIÈME JOURNÉE

SIEGFRIED

Pas d'être éblouissant qui ne soit ébloui.
(VICTOR HUGO.)

I

SIEGFRIED, le héros germano-scandinave dont le deuxième drame nous conte la jeunesse et .les premiers exploits, a été le point de départ de la Tétralogie; c'est cette figure qui avait tout d'abord saisi Wagner dans l'ensemble des légendes relatives aux Nibelungen; c'est pour elle, en réalité, que son imagination s'est exaltée; c'est finalement autour d'elle qu'il a groupé, en une vaste synthèse, toute une série de figures qui, dans la donnée primitive, ne se rattachaient pas directement au mythe de Siegfried.

Seulement, comme il lui est arrivé avec la plupart des autres types légendaires qu'il a évoqués, le maître de Bayreuth n'a pas tout d'abord embrassé la figure de Siegfried dans son entier développement. Les synthèses ne s'improvisent pas.

Au premier moment, il n'avait envisagé que la

destinée tragique du héros, telle que la rapporte le *Nibelungenlied* allemand. C'était au moment où il travaillait à *Lohengrin,* c'est-à-dire vers 1845.

Il a lui-même raconté(1) comment à cette époque, très incertain de la voie où il devait s'engager, il balança longtemps entre deux tendances contradictoires : entre le drame historique, qu'il avait touché dans *Rienzi,* dans la *Novice de Palerme,* dans d'autres essais de sa jeunesse, et le drame légendaire, inauguré avec le *Hollandais volant* et continué avec des hésitations dans *Tannhæuser* et *Lohengrin.* Il est à remarquer, en effet, que ces deux derniers ouvrages ont encore un fond ou, si l'on veut, un cadre historique, où vient s'adapter le drame légendaire. Le *Hollandais volant* est, au contraire, dans la donnée purement abstraite de la légende. Le cadre local est quelconque et ne saurait être déterminé avec précision, pas plus que l'époque de l'action.

De son propre aveu, c'est seulement après avoir terminé *Lohengrin* que Wagner se rendit compte de la coexistence de ces deux éléments opposés dans ses drames antérieurs, et c'est ce qui le troubla si fort. Dans la disposition d'esprit où cette découverte l'avait jeté, il avait eu, tout d'abord, le sentiment qu'il fallait renoncer à la musique. Et il élabora un projet de drame non musical, évoquant la figure, légendaire et historique tout ensemble, du dernier des Hohenstaufen, de l'empereur Frédéric

---

(1) Voir la *Communication à mes amis (Eine Mittheilung an meine Freunde)* qu'il écrivit en 1851 et qu'il publia en 1852 comme introduction à l'édition de ses trois poèmes d'opéra : Le *Hollandais volant, Tannhæuser* et *Lohengrin.* La quintessence de cet écrit se retrouve dans la *Lettre à M. Frédéric Villot,* en tète de l'édition française des *Quatre poèmes d'opéras.*

Barberousse, cette antithèse germanique de Charlemagne, *li Rois à la barbe grifaigne* de la race franque. Mais, à mesure que ce plan se développait, plus nettement se manifestaient les contradictions entre l'histoire et la légende, si bien qu'il renonça finalement à Barberousse et revint à Siegfried, qu'il avait rencontré dans ses lectures et ses recherches sur l'antiquité germanique. Le véritable sens de ce type s'était peu à peu dégagé, et, maintenant, il lui apparaissait dans toute sa vérité.

Par opposition à Frédéric Barberousse il vit se dresser devant lui, dans Siegfried, « l'homme juvénilement beau dans toute la luxuriante fraîcheur de sa force », le bel être humain dépouillé de tous les vêtements dont il avait été recouvert et qui l'avaient défiguré, non plus la *figure historique,* dans laquelle ce qu'il y a de plus intéressant, c'est le costume, mais l'homme véritable, « l'homme nu que rien n'entrave et qui laisse voir chaque pulsation de son sang, chaque mouvement de ses muscles vigoureux, en un mot, l'homme vrai en général. »

Dès lors, son parti fut pris, et il demeura convaincu, — en quoi son instinct d'artiste l'avait guidé sûrement, — que le drame de l'avenir, le drame lyrique bien entendu, ne pourrait être que légendaire.

Ainsi, c'est la rencontre avec Siegfried et avec Sigurth, prototype scandinave du héros germain, qui détermina la rupture de Wagner avec le drame historique en lui faisant reconnaître, selon son expression, le véritable terrain de la poésie (musicale) : « le sentiment humain dégagé de tout ce qui le fait conventionnel ».

Ayant terminé la composition de *Lohengrin* et renoncé à *Barberousse,* il se voua donc à *Siegfried* avec toute l'ardeur qui lui était propre.

1.

Le premier fruit de ce renouveau poétique fut le poème de la *Mort de Siegfried*, en trois actes précédés d'un prologue, qu'il commença pendant l'été de 1848, à la campagne. Ce drame, qui, plus tard et après d'assez notables modifications, est devenu le *Crépuscule des dieux*, contient en germe toute la Tétralogie. Mais, au moment où il l'écrivit, Wagner ne songeait pas encore à donner à l'œuvre les vastes développements qu'elle a reçus depuis.

Ce n'est que beaucoup plus tard, en 1851, pendant son exil en Suisse, que l'idée lui vint de réaliser complètement à la scène toute la légende du héros. Sa correspondance avec Liszt, récemment publiée, a fait sur ce point la plus complète lumière. On y peut suivre, pas à pas, l'élaboration de l'œuvre.

Pendant toute la première période de son séjour à Zurich, Wagner souffre cruellement de ne pouvoir achever le drame commencé. Isolé dans un pays étranger, loin de tous ses amis et de ses partisans, n'ayant pas de milieu sympathique, privé de toute ressource, et vivant, en quelque sorte, des aumônes que lui font des parents, des amis de Dresde et la générosité de Liszt; inquiet de son avenir et toujours hanté de ce doute esthétique qui l'avait saisi en quittant *Lohengrin*, il ne sait ni où il va, ni où il doit aller. Pour conserver le contact avec le monde extérieur et s'expliquer à lui-même son trouble moral, il écrit brochure sur brochure; il fait de la polémique dans les journaux de Leipzig; sur le conseil de Liszt il va à Paris dans le dessein de rentrer en communication avec l'Opéra; il écrit son grand ouvrage *Opéra et Drame*. Mais tout cela, en somme, ce n'est pas de l'art, c'est de l'abstraction; et son âme d'artiste, dont le rêve veut s'affirmer dans la réalité de l'œuvre, erre incertaine d'un sujet à l'autre, sans pouvoir s'arrêter à aucun. Seule, la figure du héros germain reparaît toujours irrésistible et puissante ; il ne la quitte pas des yeux et, sans cesse, revient à ce drame de la *Mort de Siegfried*, devenu l'aspiration ardente de tout son être :

Cette œuvre, écrit-il, en 1849, à Liszt, est la seule qui me retienne à la vie, en elle seule je sens encore un but à mon existence.

Et dans une autre lettre :

Trouve-moi quelqu'un qui m'achète mon *Lohengrin*, trouve-moi quelqu'un qui me commande mon *Siegfried :* je le ferai à *bon compte*... Peut-être se trouvera-t-il quelques personnes qui s'uniront pour venir à mon aide, si c'est toi qui les y invite? Puis-je faire mettre dans les gazettes que je n'ai pas de quoi vivre et que je fais appel à ceux qui m'aiment?

Le zèle et l'éloquence de Liszt s'emploient activement à Weimar dans le sens indiqué. On promet à Wagner une avance sur ses honoraires, afin de lui permettre de travailler à *Siegfried*. Alors, il ne se tient plus de joie. Sans tarder, il mande la bonne nouvelle à son ami Uhlig, à Dresde. Enfin, il va pouvoir se mettre à la musique de ce drame : « J'ai déjà fait venir du papier à musique et un tire-ligne comme on en fait à Dresde. Seulement, suis-je encore capable de composer? » (Septembre 1850.)

Le détail du tire-ligne n'est-il pas typique et charmant?

Dans une autre lettre au même, il laisse libre cours à l'enthousiasme qu'il éprouve de pouvoir « redevenir enfin artiste ».

Il ne se dissimulait pas, dès lors, le clairvoyant. qu'avec ses pamphlets et ses écrits théoriques il

s'était fait plus d'adversaires que de partisans,
l'abstraction esthétique demeurant fatalement
chose obscure pour la généralité même des artistes,
quand la théorie n'est point corroborée par l'œuvre d'art correspondante. C'est ce qui explique
d'ailleurs que, pendant si longtemps, tant d'erreurs
aient pu s'accréditer sur le système de Wagner.
Quand on relit aujourd'hui ce qui s'est dit et écrit
à propos d'*Opéra et Drame,* il y a trente ou qua-
rante ans, on reste confondu de stupeur en voyant
que si peu d'esthéticiens aient compris alors cet
important exposé de doctrines. Il n'a cependant
rien de difficile. Il est d'une clarté absolue. Mais, à
l'époque où il parut, on n'avait, pour en apprécier
la portée, que les partitions de *Tannhœuser* et de
Lohengrin; et encore s'en fallait-il qu'elles fussent
partout bien connues et bien comprises. Comme
Wagner l'a dit lui-même, il restait redevable « de
l'œuvre d'art », cette œuvre d'art dont la prodi-
gieuse gestation le tourmenta si profondément de
1848 à 1851.

Dès lors que l'espoir de voir son *Siegfried*
accepté à Weimar l'eut fait « redevenir artiste »,
l'angoisse morale où il vivait depuis trois ans se
dissipa comme par enchantement. Alors aussi la
lumière se fit en lui sur la forme à donner définitivement à la légende de *Siegfried.* C'est, en effet, au
moment de commencer la composition musicale de
son drame de la *Mort de Siegfried* que l'idée d'une
composition plus vaste surgit et se formula nettement dans son esprit.

Il en parle, pour la première fois, dans une lettre
du 7 mai 1851 à son ami Uhlig :

Ne t'ai-je pas parlé, un jour, d'un sujet gai que j'avais en
tête? Il s'agissait du jeune gars qui s'en va par le monde

pour connaître la peur, et qui est si naïf qu'il ne l'apprend jamais. Juge de mon effroi, lorsque je découvris que ce jeune gars n'était autre que... Siegfried jeune, le même qui conquiert le trésor des *Nibelungen* et la belle Brunnhilde! C'est fait maintenant. Ce Siegfried jeune a l'énorme avantage de présenter au public, sous la forme d'un conte plaisant, la légende la plus profonde.

Ce *Siegfried jeune*, c'est celui qui va nous occuper plus spécialement, et dont il s'agit dans le drame qui fait l'objet de cette étude. Une fois reconnu comme on vient de le voir, il va devenir le centre de toute la *Tétralogie*. Sept mois après, le plan de celle-ci est complètement tracé. Déjà en novembre, le maître en indique les éléments essentiels dans une lettre à Liszt. Il est plus explicite encore en écrivant à Uhlig :

Tu te souviens qu'avant d'écrire la *Mort de Siegfried*, j'avais fait une esquisse de tout ce mythe dans ses traits principaux; le poème de *Siegfried* était l'essai que je me proposais de soumettre à nos théâtres, en l'accompagnant d'indications générales sur le mythe dont il est l'une des catastrophes principales. Mais, au moment de passer à l'exécution musicale de mon plan, au moment, par conséquent, où je dus me représenter nettement les nécessités du théâtre, je fus frappé de ce que cette apparition (de Siegfried) aurait eu d'incomplet; tout ce qui donne à ces figures tant de grandeur et une signification si haute, c'est-à-dire leurs rapports à l'ensemble du mythe, restait en dehors de mon drame, et accessible seulement par le récit épique, ou mieux par la transmission directe à la pensée. C'est ainsi que, pour rendre la *Mort de Siegfried* possible, je conçus le *Jeune Siegfried;* c'était déjà donner à l'œuvre une portée plus grande; mais alors, au moment de me mettre à l'exécution musicale et dramatique de *Siegfried jeune,* m'apparut de nouveau, et plus clairement encore, la nécessité de donner, de tout l'ensemble du mythe, une représentation claire, parlant aux sens.

Aujourd'hui, je vois nettement que, pour être compris à la scène, je dois *représenter, d'une façon plastique,* le mythe tout entier. Cette raison n'a pas été la seule qui m'ait inspiré mon nouveau plan ; c'est aussi, et surtout, l'émouvante grandeur du sujet qui m'est ainsi offert pour la représentation et qui m'apporte, pour l'exécution artistique, une richesse d'éléments qu'il serait criminel de laisser sans emploi. Rappelle-toi le récit de Brunnhilde, — dernière scène du *Jeune Siegfried,* — la destinée de Siegmund et de Sieglinde ; chez Wodan, la lutte entre son désir et la morale (Frika) ; la noble révolte de la Walkyrie, la colère tragique de Wodan, lorsqu'il punit cette révolte ; imagine-toi tout cela condensé, selon mes idées, dans un drame ; cela forme une tragédie de l'effet le plus saisissant, et qui, en même temps, fait passer, en des impressions nettes et précises, devant les yeux de mon public, tout ce qu'il doit avoir absorbé pour comprendre facilement et dans toute leur étendue le *Jeune Siegfried* et la *Mort.*

Je fais précéder ces trois drames d'un prologue, qui devra être exécuté séparément, comme introduction au festival dramatique : cela commence par Alberich, qui poursuit les ondines du Rhin de ses désirs amoureux, qui est éconduit (en se jouant, gaîment), par chacune d'elles et qui leur vole enfin l'or du Rhin dans un accès de dépit : — cet or n'est en soi qu'un joyau brillant des abîmes aquatiques (*Mort de Siegfried,* acte III, scène I) ; mais il s'y attache une autre puissance qui ne sera efficace que pour celui qui aura renoncé à l'amour.

(Voilà l'élément d'où tout se déduit jusqu'à la mort de Siegfried : quelle plénitude de conséquences !) La capture d'Alberich, le partage de l'or entre les deux géants, l'accomplissement rapide de la malédiction d'Alberich sur les deux frères, dont l'un assomme immédiatement l'autre, tel

est le sujet de ce prologue. — Mais, assez causé, car tout
ce que je pourrais ajouter ne suffirait pas pour te faire comprendre la souveraine splendeur de ce sujet.

Tout y est. L'œuvre est, dès lors, conçue dans
sa totalité.

Le plus curieux, c'est qu'au moment où se développait ainsi le plan de l'*Anneau*, s'élaborait parallè-
lement en sa pensée le plan d'un théâtre spécial et de
dispositions scéniques exceptionnelles pour l'exécution de l'œuvre à peine ébauchée. Dès 1850,
c'est-à-dire vingt-six ans avant l'inauguration du
théâtre de Bayreuth, il parle à ses amis de ce projet
grandiose ; en 1851, l'idée a déjà pris corps nettement, et l'on peut lire dans une lettre à Uhlig le
programme d'un festival dramatique, à donner dans
une ville du Rhin ou à Zurich, de tout point
conforme à ce qui fut réalisé en 1876, à Bayreuth.
Pareille clairvoyance, pareille netteté de conception, pareille suite dans les idées sont uniques, je
crois, dans l'histoire de l'art. Et ce qui est plus
extraordinaire encore, c'est la surprenante énergie
avec laquelle, le but une fois reconnu, Wagner
poursuit la réalisation de ses projets. Il lui fallut
un peu plus d'un an pour terminer toute la versi-
fication de ce grand poème dramatique.

La composition musicale de chacune des partitions lui coûta, en revanche, beaucoup plus de
temps.

Il est à remarquer d'ailleurs que, pour la musique,
Wagner n'adopta pas la méthode singulière de
travail qu'il avait suivie, sans doute malgré lui,
pendant l'élaboration du poème. Celui-ci a été
véritablement commencé par la fin, et c'est au
rebours de l'ordre rationnel que les différentes
parties de la Tétralogie sont venues se superposer

au drame qui forme aujourd'hui la conclusion de l'œuvre.

Les partitions, au contraire, ont été écrites dans leur ordre, et *Siegfried* ne fut commencé qu'après le complet achèvement de l'*Or du Rhin* (1854) et de la *Walkyrie* (1856).

A en juger par le ton qui règne dans ses lettres lorsqu'il mande à Liszt ou à Uhlig des nouvelles de son travail, ce fut en pleine conscience de ses forces et avec la vue absolument claire de ce qu'il voulait qu'il se consacra à la composition de *Siegfried,* quelques mois après avoir mis la dernière main à la *Walkyrie* (mars 1856). L'état de sa santé exigeant des soins sérieux, il était allé s'installer à Mornex, près de Genève, pendant les beaux mois ; c'est au retour de cette vacance qu'il reprit le travail.

Dans une lettre à Liszt du 6 décembre 1856, il écrit :

Ces jours-ci, j'aurai terminé la première scène. Chose singulière ! ce n'est qu'en composant que se révèle à moi le sens profond de mon sujet : partout se dévoilent des mystères qui étaient jusqu'alors restés cachés pour moi. De la sorte, tout devient plus violent et plus serré. En somme, il faudra bien de la ténacité pour mener tout cela à bonne fin.

Puis, le 28 janvier 1857, il se plaint de nouveau :

Ma santé est encore une fois bien mauvaise ; voilà dix jours que j'ai terminé l'esquisse du premier acte, et je n'ai plus littéralement écrit une note, mais pas une, sans être chassé de mon travail par d'intolérables maux de tête. Je m'assieds le matin à ma table, je regarde mon papier, — et finalement, c'est un grand bonheur quand je peux arriver à lire... du Walter Scott. Je me suis encore une fois fatigué outre mesure. Comment me remettre? Le *Rheingold* avait coulé de source; la *Walküre* m'avait déjà donné beaucoup de souffrance. Me voilà maintenant pareil à un piano discord (mes nerfs sont les cordes), — et c'est sur ce piano que je suis réduit à jouer *Siegfried*.

Au bout du compte, il est à craindre que les cordes ne sautent, et alors ce sera la fin. Rien à changer à cela! Quelle vie de chien!

Heureusement, peu de temps après cette confession pessimiste, une circonstance inespérée vint améliorer l'état moral et la situation matérielle du maître. Ce qu'il avait cherché longtemps en vain, une maisonnette isolée où il n'eût pas le voisinage incommodant de pianistes amateurs, où il aurait un petit jardin pour se promener et rêver, cette maisonnette lui fut offerte par des amis riches dont il avait fait depuis peu la connaissance, M. et Mᵐᵉ Wille. Ils possédaient dans le hameau de Enge, près de Zurich, une villa, au parc de laquelle attenait une sorte de pavillon entouré d'un jardin, également leur propriété: Ils la mirent à la disposition de Wagner, qui s'y installa dans les derniers jours d'avril 1857. C'est là qu'il composa la majeure partie du deuxième acte de *Siegfried*. Le 8 mai, en annonçant à Liszt sa nouvelle installation, il écrit :

Je vais donc prochainement pouvoir reprendre enfin mon travail interrompu ; je ne quitterai certainement pas mon nouvel et charmant asile avant que *Siegfried* ne soit complètement d'accord avec Brunnhilde. Jusqu'à présent je n'ai pu terminer que le premier acte ; mais celui-là est tout à fait terminé, bien au point, et mieux réussi et plus beau que tout le reste ; je suis moi-même étonné d'avoir pu accomplir cela, car depuis notre dernière rencontre, je me suis fait de nouveau bien souvent l'effet d'un piètre musicien.

2

Cependant j'ai réussi à me rendre confiance à moi-même ;
j'ai fait étudier la grande scène finale de la *Walkure* à la
cantatrice que tu as entendue dernièrement dans la *Juive ;*
Kirchner accompagnait ; j'ai touché juste ; et cette scène
qui te paraissait si fâcheuse m'a donné, au contraire, tout
ce que j'attendais d'elle. Nous l'avons redite trois fois chez
moi, et me voilà complètement satisfait. Voici la chose :
tout dans cette scène est si fin, si profond, si doux qu'il y
faut l'interprétation la plus délicate et la plus parfaite à tous
les points de vue pour la rendre intelligible ; ceci obtenu,
l'effet ne sera pas douteux. Naturellement de pareils morceaux frisent aussi le plus absolu déplaisir, s'ils ne sont
pas rendus avec l'attention la plus soutenue, le plus grand
souci de la justesse d'accent, un complet sentiment de la
grandeur de la scène ; lire ces choses-là par dessous la
jambe comme nous l'avons fait, cela ne se peut. En ce qui
me concerne tout au moins je perds, dans ces occasions-là,
toutes mes facultés et mon intelligence ; je deviens littéralement stupide. Mais du moins me voici, cette fois, au
net avec moi-même, et quand tu auras entendu ce que
chante Siegfried pendant qu'il fait fondre l'acier et qu'il
forge l'épée, tu auras appris de moi quelque chose de
nouveau. Ce qui me navre, c'est qu'ici je ne puisse m'exé-
cuter à moi-même rien de tout cela ; et je n'ai aucun
espoir certain de te revoir bientôt. Puis, quand nous nous
rencontrons, nous avons tant de projets que nous sommes
obligés d'être très furtifs, et cela me fait un mal terrible ; je
ne suis quelqu'un que lorsque je puis être tout à fait
concentré ; toute distraction est ma mort.

Ce fragment de lettre, si intéressant par les
détails qu'il nous fournit sur l'état d'esprit de
l'auteur pendant la composition de *Siegfried,*
nous fixe aussi sur la date exacte de l'achèvement
du premier acte. Commmencé en décembre 1856,
il est complètement terminé à la fin d'avril 1857.

Aussitôt après, Wagner entreprend le deuxième acte. Déjà, le 30 mai, il est arrivé aux scènes du Dragon. Ce jour-là, après une « bonne nuit », dit-il, il envoie, en guise de bonjour, à Liszt, un feuillet de musique qui donne la notation complète, avec l'instrumentation, de la phrase de Fafner : *Ich lieg' und bezitze, lasst mich schlafen* (je possède et repose, laissez-moi à mon somme).

La composition paraissait ainsi avancer heureusement, lorsque tout à coup Wagner prit une résolution que rien, en apparence du moins, ne semblait annoncer à ce moment : il ferma son manuscrit et tourna le dos aux Nibelungen. Est-ce la lassitude d'esprit, après une si longue et constante concentration sur un même sujet qui le détermina? Est-ce l'incertitude quant à la possibilité de faire jouer son œuvre, ou le découragement profond en ne se sentant pas soutenu comme il eût dû l'être pour mener à bien une si vaste entreprise; ou bien encore les déboires cruels soufferts parce qu'il s'obstinait dans son rêve? Que sais-je? La vérité est qu'il était travaillé depuis longtemps par toutes ces causes réunies, sans que lui-même s'en rendît compte peut-être. Le premier prétexte venu provoqua l'éclat.

Depuis deux ou trois mois, des négociations avaient été ouvertes avec la maison Breitkopf et Hærtel, de Leipzig, qui s'était montrée assez disposée à éditer la Tétralogie. Par l'intermédiaire de Liszt, l'affaire avait été engagée sérieusement. Wagner devait recevoir la moitié d'une somme déterminée pour les deux partitions déjà complètement finies (l'*Or du Rhin* et la *Walkyrie*); pour le restant du prix convenu, il s'engageait à terminer l'ouvrage, moyennant le payement périodique de certaines avances qui lui auraient permis de travailler tranquillement, sans être plus longtemps tourmenté par des soucis d'argent.

Au moment où l'affaire paraîssait devoir aboutir, grâce aux bons offices de Liszt et aux concessions acceptées par l'auteur sur les conseils de celui-ci, Wagner, lassé des tergiversations des éditeurs, brusqua les choses et rompit définitivement les négociations. Ce fut la circonstance fortuite, en apparence bien futile, qui fit abandonner à ce moment la composition de *Siegfried*.

Je n'aurai plus désormais de soucis à cause des Hærtel, écrit-il, le 28 juillet 1857, à Liszt; j'ai pris la résolution de renoncer à l'entreprise obstinée d'achever mes *Nibelungen*. J'ai conduit mon jeune *Siegfried* dans la belle solitude des bois; et là, prenant congé de lui, je l'ai laissé couché sous le tilleul, — il est mieux là qu'ailleurs. — Si jamais je reprends un jour l'ouvrage inachevé, c'est ou bien qu'on m'aura rendu la tâche très facile, ou bien que je me serai créé à moi-même la possibilité de faire au monde le *don* de mon ouvrage, dans le sens strict du mot. Ainsi, il n'aura plus fallu que ces derniers dissentiments avec les Hærtel, — premier point de contact avec le monde extérieur par où mon entreprise aurait pu devenir réalisable, — pour me ramener enfin à la raison définitivement, et me faire voir clairement que ce n'était qu'une chimère.....

Il faut lire tout entière cette lettre trop longue pour être reproduite ici; c'est un adieu touchant et désolé au héros dont l'image l'avait si vivement frappé, adieu navré à l'œuvre d'art rêvée si grande et maintenant abandonnée à l'heure où tout semblait conspirer pour en rendre la réalisation prochaine. Mais, après huit années de luttes sans résultat, comme il l'écrit à Liszt, après huit années de solitude dans l'exil, au milieu d'appréhensions et de soucis de tout genre, sans avoir même l moyen d'entendre ses propres œuvres à la scène, on comprend cette défaillance, d'autant que l'attitude des éditeurs n'était pas faite, on en conviendra, pour le rassurer quant à l'avenir d'un ouvrage de dimensions anormales. Aussi annonçait-il finalement à Liszt qu'il allait se mettre à la composition d'un ouvrage de proportions plus restreintes et plus pratiques, *Tristan et Yseult*. Et il ajoutait tristement :

Quant à savoir, si plus tard je reviendrai aux *Nibelungen*, que pourrais-je dire ? Cela dépend de trop de circonstances auxquelles je ne commande pas. Pour cette fois, je me suis imposé la contrainte ; dans les meilleures dispositions j'ai arraché Siegfried de mon cœur, et, comme un « mort vivant », je l'ai couché sous les serrures et les verrous. Ainsi il demeurera, et nul n'en verra jamais rien, puisqu'il doit me rester inconnu à moi-même. Peut-être ce sommeil lui sera-t-il salutaire ; mais je ne puis rien résoudre encore quant à son réveil Il m'a fallu livrer un dur et mauvais combat avant d'en arriver là ! — Et maintenant, laissons cela ; c'est encore une affaire finie !

Il y revint cependant, à son *Siegfried*, il devait y revenir, nécessairement, fatalement, un peu plus tôt, un peu plus tard, qu'importe. L'œuvre lui était trop profondément entrée dans la chair, il était trop imprégné de l'esprit et de la poésie de cette grande figure mythique pour la quitter jamais sans retour.

A peine autorisé à rentrer en Allemagne, grâce à l'intervention du grand duc de Bade, au printemps de 1861, il reprit son idée d'un théâtre spécial et adressa, à cet effet, un appel au public et « aux princes », en même temps qu'il livrait à la publicité les quatre poèmes de la Tétralogie (1862-63). L'intervention du jeune roi Louis II de Bavière en sa faveur fut la réponse, en quelque sorte providentielle, à ce dernier appel désespéré. Dès lors, Wagner se trouva dans la situation dont il parlait en 1857 à Liszt. « La tâche lui était rendue très facile », et il ne tarda pas à reprendre la composition de *Siegfried*.

Par sa lettre à Liszt, nous savons exactement où il en était resté en 1857 ; c'est à la scène où Siegfried rêve étendu sous le tilleul. Tout le reste du deuxième acte a été écrit de 1865 à 1866, en même temps que s'achevait la composition et l'instrumentation des *Maîtres Chanteurs*. Détail assez significatif et qui marque quelle importance il attachait au fait, Wagner nous a laissé la date précise de son retour à *Siegfried*. Une note de sa main sur le manuscrit nous apprend qu'il a commencé l'instrumentation du deuxième acte le 25 juillet 1865.

De nombreux incidents, parmi lesquels il faut noter les premières exécutions des *Maîtres Chanteurs, de Tristan, de l'Or du Rhin* et de la *Walkyrie* au théâtre de Munich, l'empêchèrent toutefois de se livrer d'une façon continue au travail, de sorte qu'à peine reprise, l'œuvre dut de nouveau être abandonnée et attendre assez longtemps son achèvement.

En effet, le troisième acte, esquissé vraisemblablement à différentes époques, appartient, tout entier, pour la composition et l'instrumentation, aux années 1868-69-70. C'est dans sa villa de Triebschen, près de Lucerne, où, dès 1866, il s'était réfugié dans un exil volontaire, loin des intrigues de la cour de Munich, qu'il termina cette partie de *Siegfried*, et qu'il mit la dernière main à l'ensemble de la partition. Le 25 mai 1868, il écrivait de Triebschen à son amie Mme Wille, alors à Mariafeld, près de Zurich :

Depuis un an, je n'ai plus quitté mon asile, et je pense bien que j'y demeurerai pendant de longues années sans broncher, étant fermement résolu à me consacrer tout entier à mes travaux et à fuir toutes ces démarches au dehors, qui ne m'apportent qu'énervement et ne rendent aucun fruit. J'en suis, pour le moment, à l'achèvement de mon *Siegfried*, interrompu depuis 1858. La noble amie qui me console est depuis assez longtemps ici avec ses enfants. Nous ne voyons personne ; mais nous serions heureux de vous saluer.....

Cette dernière allusion se rapporte à la femme supérieure qui est aujourd'hui Mme veuve Wagner. Ce n'est pas ici le lieu de rappeler les événements intimes qui, en 1867, avaient rapproché de lui la fille de Liszt mariée à l'un des plus fidèles disciples du maître, Hans de Bulow. Mais il est impossible de les séparer de l'œuvre à l'achèvement duquel ils ont contribué et notamment de la grande et belle scène du réveil de Brunnhilde, cet hymne passionné à la femme. Wagner lui-même a plus ou moins indiqué ces rapports intimes entre son *Siegfried* et ces derniers incidents de sa vie, dans une lettre du 25 juin 1870, à la même Mme Wille, où il lui annonce la naissance de son premier fils :

Elle (Cosima) m'a donné un fils merveilleusement beau et vigoureux, que j'ai hardiment appelé Siegfried. Il croît en même temps que mon œuvre, et, en me donnant une nouvelle vie, il a finalement donné une raison d'être à mon existence.

On retrouve le même sentiment noblement exprimé dans la pièce de vers que Wagner dédia à sa femme et qui, sous le titre de *Zueignung*, a été reproduite en tête de la partition pour piano de la *Siegfried Idyll*, ce délicat poème symphonique qu'il composa à l'occasion précisément de la naissance de son fils.

Ce fut ta volonté pleine d'abnégation, — dit le poète en s'adressant à sa femme, — qui trouva pour mon œuvre cet asile consacré par toi à la paix et au calme. C'est là que l'œuvre a grandi et s'est achevée pleine de vigueur, évoquant, comme une idylle, le monde des héros, et ce lointain primitif, comme une patrie aimée. Tout à coup, un cri joyeux à traversé mes chants : « Un fils vient de naître ». Il ne pouvait porter qu'un nom : *Siegfried*.

Lui et toi, je vous veux remercier par mes chants. — Est-il aux bienfaits de l'amour une plus douce récompense ?

La joie calme que nous avons goûtée au foyer, et qui s'exprime en ces sons, nous l'avions tenue secrète. A ceux qui nous ont été fidèles sans défaillance, qui furent doux à *Siegfried* et gracieux à notre fils, qu'à eux désormais soit révélée, avec ton assentiment, cette œuvre qui dit le bonheur tranquille dont nous avons joui.

Les thèmes de la *Siegfried Idyll* étant précisément empruntés à la grande scène entre Brunnhilde et Siegfried, tout ce qui, dans le beau poème qu'on vient de lire, s'applique à l'une peut s'étendre également à l'autre.

Il s'en faut, on le voit, que Wagner ait pu terminer sans aucun trouble cette partition qui lui tenait de si près par tant de côtés. Le mot *fin* ne fut écrit au bas du manuscrit que dans les premiers jours de janvier 1871. A cette occasion, Wagner adressa au roi Louis II de Bavière une autre pièce de vers, de très large et très noble inspiration. Le poète voit, dans Brunnhilde réveillée par Siegfried, le symbole de son œuvre sortie, elle aussi, d'un long sommeil. C'est un prodige, dit-il, que l'âge mûr lui ait donné les forces qui avaient manqué à l'homme jeune pour accomplir l'œuvre rêvée.

Mais, s'il a pu entonner le chant du réveil, c'est que la jeunesse du Roi lui avait souri. Le jour qui a vu s'accomplir ce miracle, c'est vers le royal ami qu'il veut porter sa pensée.

Siegfried à peine terminé fut immédiatement édité. Le pianiste Charles Klindworth, qui avait déjà réduit pour piano l'*Or du Rhin* et la *Walkyrie*, fit aussi la réduction de la nouvelle partition, qui fut mise en vente au mois de juillet 1871, chez Schott, à Mayence.

Siegfried n'a pas été exécuté séparément comme l'*Or du Rhin* et la *Walkyrie*, à Munich. Il fut donné pour la première fois, à Bayreuth, à sa place dans la Tétralogie, le 15 août 1876. Jusqu'alors personne n'avait entendu l'ouvrage à l'orchestre. Un fragment seulement en était connu par des exécutions au concert : les chants de Siegfried dans la forge (premier acte), que Wagner avait donnés en 1863, à Vienne, dans une série de concerts dirigés par lui. La partition fut ainsi au total une véritable révélation. La distribution était la suivante : *Siegfried,* M. Unger; *Mime,* M. C. Schlosser; *le Voyageur* (Wotan), M. Betz; *Alberich,* M. Carl Hill; *Fafner,* . von Reichenberg; *Erda,* Mme L. Jaïde, *Brunnilde,* Mme A. Materna.

L'impression fut d'autant plus vive sur le public pécial de 1876 qu'elle fut plus inattendue. On onnaissait plus ou moins les autres partitions : e celle-ci, tout parut nouveau. On fut unanime à econnaître qu'après le tragique émouvant de la *alkyrie* et l'éblouissante fantaisie de l'*Or du hin, Siegfried* renouvelait l'intérêt et renchérissait ncore sur les deux premières journées par le ouvement et le coloris des scènes de la forge, par charme de l'idylle ensoleillée qui traverse la ombre histoire de la fin des dieux; enfin par le souffle de passion et de grandeur qui passe sur le troisième acte.

Il est assez curieux de constater que, devant un public tout différent, celui de Bruxelles, lorsque l'impresario Angelo Neumann vint, en 1882, dans cette ville, jouer, avec une troupe allemande, le *Ring* tout entier, les impressions furent presque identiques, bien qu'il y eût entre les auditeurs et les acteurs l'obstacle de la différence de langue.

II

Siegfried est le seul personnage nouveau que la deuxième journée introduise dans la Tétralogie; tous les autres ont déjà paru soit dans le prologue *(l'Or du Rhin),* soit dans la *Walkyrie :*

MIME, le nain astucieux et contrefait, dans l caverne duquel, à la fin de la *Walkyrie,* Sieglinde, mère de Siegfried, va abriter sa douleur;

ALBERICH, son frère, roi détrôné du Nibelheim auquel la violence de Wotan a arraché les trésor de l'industrie des Nibelungen et l'anneau magiqu forgé avec l'or du Rhin; Alberich, Nibelung cupid et vaniteux, en qui fermentent les haines du vaincu les astuces de l'opprimé;

ERDA, la première des trois Nornes, sorte parques germaniques et scandinaves, Voyante se blable à la Maya des Indous, dont le nom e également celui de la fontaine de prescience (scan *Urdhr);* la femme éternelle, qui sait tout ce qui été et tout ce qui sera; l'éternelle sagesse que consulter Wotan dans ses heures de détresse;

FAFNER, le géant qui s'est transformé en drag

pour mieux garder l'or qu'il a reçu des dieux pour prix de la construction du Walhall, et qu'il n'a pas voulu partager avec son frère Fasolt, tué d'un coup de massue ;

BRUNNHILDE, la plus belle des Walkyries, la fille préférée de Wotan, dormant son sommeil magique sur le rocher entouré de feu ;

WOTAN enfin, le dieu suprême. Mais Wotan reparaît dans *Siegfried* sous d'autres traits que dans l'*Or du Rhin* et la *Walkyrie*. Là, nous l'avons vu portant le casque d'or, la cuirasse et la lance étincelantes, et s'enveloppant d'un manteau pourpre. Dans *Siegfried,* il n'est plus le dieu triomphant et dominateur, il n'est plus l'esprit du monde qui envahit tout et produit la vie et l'esprit ; il est le dieu errant, inquiet de la destinée de sa race, qui pressent le déclin des Ases par l'avénement du libre héroïsme, et s'en va à l'aventure, sans volonté, cherchant à détourner l'inéluctable Destin.

Il a ici l'aspect d'un grand vieillard à longue barbe, coiffé d'un chapeau à larges bords, portant un ample manteau bleu et tenant d'une main débile la lance sacrée où sont gravées les runes, lois éternelles du monde. Tel on nous l'a décrit au premier acte de la *Walkyrie* quand il enfonça dans le frêne l'épée *Nothung*. C'est le *Voyageur, der Wanderer*.

Cette appellation est empruntée par Wagner aux Eddas, qui en savent long sur les voyages du maître des dieux. Il y a d'innombrables récits des pérégrinations d'Odin. On le voit tour à tour chez les nains, chez les géants, sur les champs de bataille ; il descend au fond de la mer pour trouver la sagesse ; il descend sur la terre pour éprouver les âmes des hommes. La vieille Edda nous le montre visitant le géant Vafthrudner dans le but d'éprouver sa science. Wotan et le géant se posent l'un à l'autre des questions relatives à l'origine du monde; la partie vaincue sacrifiera sa tète. Wotan a bien soin de ne pas se nommer; il ne se fait connaître qu'à la dernière question; alors le géant, frappé de terreur et de crainte, comprend qu'il doit mourir, puisqu'il est engagé dans une lutte avec le dieu suprême. L'esprit domine la matière; l'àme subjugue la nature physique; telle est l'idée philosophique de ce conte symbolique.

Wagner s'est très directement inspiré de cette saga et d'autres analogues pour les deux scènes où il nous montre Wotan interrogeant le nain Mime.

A une autre saga, le chant de Vegtam ou du Voyageur *(Vegtamskvidha)*, il a emprunté, presque littéralement, la formule de l'évocation d'Erda; et il s'inspire d'ailleurs constamment du souffle large, de la vague et profonde poésie des scaldes.

Pour SIEGFRIED, bien que ses rapports avec le Sigurth des Eddas soient aussi nombreux que ceux avec le Siegfried du *Nibelungenlied*, c'est une création qui appartient en propre à Wagner, car son personnage diffère à la fois de ses deux prototypes.

Peu de héros ont inspiré autant de chants que celui-ci; peut-être n'est-il pas une nation d'origine germanique où il ne soit devenu populaire. Même en France, par l'invasion des tribus de race franque, il a laissé tout au moins une trace dans la poésie : le héros de l'épopée des Gaules, le préfet de la Marche de Bretagne, tué à Roncevaux, le Frank Hrodlandus, Roland, dérive incontestablement de Siegfried. En Angleterre, Sigurth était également connu, mais là, son histoire, rencontrant celle du bon roi Artus et de ses chevaliers, n'a pas pris racine profondément.

En Allemagne, en revanche, comme en Danemark et en Scandinavie, Sigurth ou Siegfried est resté présent à l'esprit du peuple jusqu'à nos jours. Le poème allemand des *Nibelungen* est du XIIIe siècle. Au XVIe siècle, l'histoire de Siegfried était encore populaire et on la vendait couramment sur les places publiques, les jours de marché, sous forme de roman d'aventures et sous le nom de *Hürnen Seyfrit,* Siegfried couvert de corne. Elle était si répandue que le poète-cordonnier Hans Sachs la prenait encore pour sujet d'une de ses tragédies. Au début de ce siècle, comme je l'ai rappelé ailleurs, toute l'école des poètes romantiques répétait, sous forme de chansons, de ballades, de contes, les exploits du Germain valeureux. Dans certaines parties de l'Allemagne, il existe encore des croyances singulières à son sujet; on raconte que Siegfried repose avec d'autres héros dans les souterrains du vieux château de Geroldseck, et qu'il se réveillera le jour où le peuple allemand sera exposé au danger suprême. Les Bretons n'ont pas une foi plus constante dans le retour de leur bon roi Artus et de l'enchanteur Merlin.

Sigurth, de *sigr*, victoire, est appelé Sifrit par le *Nibelungen Nôt*, Seyfrit par le *Heldenbuch* allemand et Seyfried ou Sigfrid par d'autres poèmes. Le personnage est d'ailleurs le même et ses aventures sont semblables. Ceci paraît indiquer qu'il n'est pas un héros purement légendaire, bien qu'il soit difficile de lui découvrir des rapports précis avec l'histoire. Sans doute, dans les traditions populaires qui le concernent, une grande part appartient à l'imagination des poètes synthétiseurs des sentiments généraux d'une race, divinateurs des aspirations nationales; on ne saurait cependant

3

concevoir ces traditions sans un point de départ réel.

Le type de Sigurth se rattache évidemment, comme celui des dieux et des demi-dieux de toutes les mythologies, aux souvenirs du premier établissement de la race scandinave ou germanique dans le nord de l'Europe. Mais, en passant d'une génération à une autre, ces souvenirs déjà modifiés par des alluvions d'idées religieuses, se sont grossis encore d'une foule de circonstances que les poètes et compilateurs y ont rattachées sans intelligence.

Dans la forme la plus ancienne de la légende, telle que nous la connaissons, il y a déjà d'évidentes interpolations, étrangères au mythe primitif. Mais il est facile de scinder les deux éléments qui ont concouru à l'élaboration des chants arrivés jusqu'à nous. Il y a certainement, dans les aventures de Sigurth comme dans celles de Siegfried, des faits empruntés à l'histoire de Sigebert; la rivalité historique de Frédégonde et de Brunehaut n'est pas restée étrangère à celle de Brynhild et de Gudrun.

Les éléments mythiques sont : le trésor qui porte malheur, la Walkyrie Brynhild et son sommeil magique; Fafner, l'homme-dragon; le combat entre lui et Sigurth; le philtre d'oubli que Sigurth absorbe et qui lui fait quitter Brynhild. Ce sont là des phénomènes fabuleux, des actes symboliques, évidemment empruntés au système mythologique des Scandinaves. En général, dans les poèmes légendaires, tout ce qui tient du symbole est d'origine ancienne et mythique, c'est-à-dire se rattache à une interprétation cosmogonique et religieuse des lois du monde. Par un procédé qui n'a pas varié depuis vingt siècles, dans les productions de l'art comme dans la vie ordinaire des peuples, ces éléments mythiques se mêlent à l'histoire réelle et finissent par se confondre avec elle. Il semble qu'il y ait là une tendance naturelle à l'esprit humain. Le chroniqueur de la Prise de Constantinople fait descendre Godefroid de Bouillon du chevalier au Cygne, qui lui-même descendait d'Enée. Les rois de France n'avaient-ils pas fait remonter leur filiation jusqu'au roi David, qui dansait devant l'arche? Tout près de nous, dans la légende napoléonienne, épopée en formation peut-être, que de fictions qui ont pénétré l'histoire et l'absorbent complètement par endroits!

On peut se figurer la belle et vivace légende de de Siegfried se formant d'une manière analogue. Il a dû exister un personnage qui lui a servi de point de départ : conquérant, patriote sauveur de son peuple, ou simple aventurier s'imposant dans un pays voisin secouru par lui; après un certain temps, à mesure que la mémoire des faits réels s'effaçait, la fable s'empara de l'histoire, le symbole s'introduisit, et, finalement, la légende sortit toute formée d'un cerveau de poète.

Quant à savoir quel fut ce Sigurth, c'est un mystère que jusqu'ici ni la philologie, ni l'archéologie n'ont pu pénétrer. Est-ce un de ces chefs de tribus qui menèrent les premières invasions des Franks et des Burgondes vers les Gaules? Est-il, comme l'ont prétendu certains auteurs, le fameux chef des Chérusques Hermann, à qui Varus redemanda vainement ses légions; ou le Batave Civilis, qui arrêta les soldats de Rome sur les confins de la Germanie? Est-ce un de ces audacieux pirates du Nord qui, longtemps avant l'ère chrétienne, fouillaient déjà les côtes de l'Europe centrale pour y chercher des compagnes, et n'étaient pas moins redoutables sur terre que sur mer? Est-ce un ancien roi scandinave?

L'Edda et le *Nibelungenlied* ne nous apprennent rien que de contradictoire à ce sujet. Dans les poèmes allemands, il est appelé souvent *Héros danois;* dans les chants scandinaves, on le désigne comme le descendant des rois du *Frankenland*, il vient du Rhin, et il est le héros du *Niederland*. Voilà qui ne s'accorde guère.

Mais qu'il soit d'origine germanique ou scandinave, ce qui est certain, c'est que c'est en Scandinavie que la fusion de l'histoire et du mythe s'est faite; c'est là que le héros a été rattaché à la généalogie des dieux, qu'il est devenu un descendant d'Odin, un des fils de la race des princes de la lumière. Personnification mythique, il est alors entré dans les traditions nationales de tous les peuples du Nord, et, revenant à son point de départ probable, il a fini par devenir plus spécialement le type accompli du héros frank et germanique.

Dans son adaptation dramatique, Richard Wagner, ainsi que j'ai déjà dit, s'est inspiré à la fois des deux cycles de légendes qui ont trait à son héros : le cycle scandinave et le cycle germain. Celui-ci est presque tout entier consacré à la trahison de Siegfried oublieux des serments qui le lient à Brunnhilde et à la rivalité entre celle-ci et Kriemhilt. Le cycle scandinave a trait plus particulièrement à la jeunesse du héros, et si l'on y trouve aussi, admirablement mais sommairement exposée, la tragique rivalité des deux femmes, c'est cependant le combat avec le dragon et l'histoire de la délivrance de Brynhild qui font le sujet principal des chants norrains.

C'est donc au cycle scandinave que se rattache plus spécialement le drame qui nous occupe.

La vieille Edda raconte comment le géant Fafnir s'est changé en dragon pour mieux garder le trésor enlevé aux nains. Regin, habile forgeron, qui a élevé Sigurth, fabrique pour lui une épée si effilée que lorsqu'elle se trouvait dans la rivière et qu'une touffe de laine flottait emportée par le courant, l'épée coupait la laine aussi facilement que l'eau. Avec cette épée, Sigurth fend d'un seul coup l'enclume de Regin. Celui-ci se promet de tirer parti de la force et du courage de Sigurth. Il l'excite contre Fafnir. Un combat a lieu. Fafnir est tué. Regin, qui, tremblant et inquiet, s'était caché dans la bruyère pendant le combat, reparaît aussitôt que le monstre est abattu, et alors s'engage entre lui et Sigurth le dialogue suivant :

REGIN

Salut à toi, Sigurth ! tu as remporté la victoire, tu as tué Fafnir ! Parmi tous les hommes de la terre, je te proclame le plus intrépide.

SIGURTH

Il est difficile de savoir, lorsque nous sommes tous réunis, nous, fils des dieux victorieux, lequel d'entre nous est le plus intrépide ; il est plus d'un homme brave, pourtant, qui ne plonge pas le glaive dans le sein d'un autre homme.

REGIN

Tu es heureux maintenant, Sigurth, heureux de ta victoire, maintenant que tu essuies ton épée dans l'herbe. Tu as blessé mon frère, laisse-moi avoir une part du trésor.

SIGURTH

C'est toi qui as fait en sorte que je sois venu à cheval jusqu'ici, par les monts glacés ; la couleuvre tachetée aurait encore la santé et la vie, si tu ne m'avais excité à combattre.

Aussitôt Regin court à Fafnir, lui coupe le cœur avec son épée et boit le sang de la blessure,

3.

« Assieds-toi donc, dit-il à Sigurth. Je vais aller dormir, expose au feu le cœur de Fafnir, je partagerai ton repos après avoir bu le sang. » Sigurth répond : « Tu étais absent, tandis que je teignais cette lame effilée dans le sang de Fafnir. J'ai opposé ma force à la puissance du dragon, tandis que tu te cachais dans la bruyère!... » Regin continue : « Longtemps encore le vieux dragon aurait vécu dans la bruyère si tu ne t'étais servi de l'épée que j'ai forgée pour toi. » Sigurth réplique avec un calme et un dédain superbes :

Le courage vaut mieux que la force de l'épée, quand doivent lutter des hommes irrités ; car l'homme brave remportera toujours la victoire, même avec une lame émoussée. Il vaut mieux pour l'homme brave que pour le lâche de prendre part à la bataille. En toutes circonstances, cela vaut mieux pour l'homme content que pour l'homme chagrin.

Ce dialogue si curieux, où le caractère astucieux et bas de Regin et la sérénité du héros Sigurth sont déjà marqués de traits si fins, se retrouve presque tout entier dans le deuxième acte. Regin est devenu le nain Mime qui a élevé Siegfried. A part ce détail, l'action dramatique suit de très près le chant ancien.

Ainsi, pendant que Sigurth met à la broche le cœur de Fafnir, il se brûle et porte le doigt à la bouche. Aussitôt il comprend le langage des oiseaux (1). La légende nous montre sept aigles

(1) Cette croyance est d'origine orientale : le sang du serpent donne l'intelligence du langage des oiseaux ; c'est l'idée de la science du serpent et probablement aussi de sa méchanceté. Généralement, les conseils des oiseaux sont pernicieux et ils le sont aussi cette fois à Siegfried, puisqu'ils lui font tuer Regin et commencer des rapports avec Brynhild qui deviennent la cause

chantant chacun une strophe, où ils avertissent
Sigurth des projets homicides de Regin à son
égard. Chez Wagner, c'est d'un seul être ailé,
d'espèce d'ailleurs indéterminée et qui s'appelle
simplement l'*Oiseau*, que Siegfried reçoit les
mêmes avertissements (1).

L'Edda nous montre ensuite comme il tranche
la tête à Regin, mange le cœur de Fafnir et s'étend
dans la bruyère pour écouter les aigles. Il lui disent
ceci :

Sigurth! rassemble les anneaux d'or ! Il n'est pas royal
d'être étouffé par la crainte. Je connais une fille plus
belle que toutes; elle a beaucoup d'or. Que ne peux-tu
l'obtenir ! A Gjuki mènent de verdoyants sentiers, la for-

---

de sa mort. Des croyances analogues étaient répandues dans
l'ancienne Grèce. Elles sont restées jusqu'aujourd'hui dans les
traditions populaires d'Allemagne.

Leur diffusion en France n'est pas moins certaine, puisque Ra-
belais y fait allusion dans la plaisante consultation de Her
Trippa : « Diable, s'écrie à la fin Panurge, que ne me conseilles-
tu aussi manger du cœur ou du foye de quelque *draco* pour, à la
voix et au chant des cycnes et oiseaulx, *entendre mes destinées*,
comme faisoient jadis les Arabes au pays de Mésopotamie ? » (*Pan-
tagruel, 3, 25*).

(1) Les voix du *Bois-Chenu* qui parlent à Jeanne d'Arc et lui
disent d'aller trouver le dauphin de France ne sont-elles pas très
proches parentes des aigles et des cygnes qui prédisent leur
destinée aux héros dans les sagas scandinaves et les légendes
germaniques? C'est un problème qu'il serait intéressant d'éclaircir.

M. Anatole France a déjà signalé dans la *Famille* les rapports
de la mission de Jeanne d'Arc avec les prédictions de Merlin.
Mais ce travail n'est pas complet, car il est très important de remarquer que les mythes celtiques se sont constamment mêlés dans le
Nord de la France avec les mythes germains apportés par l'invasion franke.

On ne peut, d'autre part, oublier que la légende de Jeanne
d'Arc a pour berceau le pays lorrain, où tant de mythes germaniques ont pris racine et se sont développés.

tune y montre le chemin aux voyageurs. Là, un roi fameux a élevé une fille : toi, Sigurth, tu dois la conquérir.

Sigurth suit ce conseil. Il part, chevauche longtemps et arrive à un burg placé sur le sommet d'une montagne entourée de flammes, où dort, revêtue de son armure, la Walkyrie Sigurdifra (Brunnhilde). Odin l'avait condamnée à devenir femme et à dormir jusqu'au jour où un homme n'ayant jamais connu la crainte viendrait la réveiller. Cet homme fut Sigurth. Il croit d'abord se trouver en présence d'un beau guerrier; il lui enlève son casque et, avec le tranchant de son épée, déchire sa cotte de mailles; il reconnaît alors que c'est une femme. Réveillée de son sommeil, Brynhild se soulève et dit :

Qui coupe ma cotte de mailles? Qui interrompt mon sommeil? Qui me délivre de ses sombres liens?

SIGURTH

C'est le fils de Siegmund. L'épée de Sigurth à coupé la cotte de mailles.

La Walkyrie prend alors la corne pleine d'hydromel et offre à Sigurth la boisson de la bienvenue en chantant ce bel hymne du réveil :

Salut, ô jour! salut, ô fils du jour! salut, ô nuit, et toi, terre nourricière, salut! Jetez sur nous des regards bienveillants et accordez-nous la victoire.

Salut à vous, Ases (dieux); salut à vous, Asinies (fils des dieux), salut à toi, campagne féconde. Accordez-nous à tous deux, qui avons le cœur noble, la parole et la sagesse, et des mains toujours pleines de guérisons.

Elle lui enseigne ensuite les runes, lois éternelles du monde, et Sigurth lui dit alors :

Il n'y a point de femme qui en sache autant toi, et,

je le jure, je veux que tu sois à moi, car tu es comme je le désire. Elle répondit : C'est toi que je préfère et nul autre, quand j'aurais à choisir parmi tous les hommes.

Sur quoi, ils échangent leurs serments. Ces divers épisodes forment la trame du drame wagnérien.

Il ne faudrait pas croire, cependant, que le maître de Bayreuth se soit borné à transcrire simplement les chants de l'Edda et à les adapter à la scène. Son Siegfried est une conception originale et qui reste bien à lui, malgré les nombreux points de contact avec les sagas scandinaves et le vieux *Nibelungenlied*. L'Edda et le poème chevaleresque du XIIIe siècle nous donnent bien de Siegfried la sensation qu'il est la beauté jeune, la passion véhémente, le courage impétueux ; mais, comme Hercule, qui tue l'hydre de Lerne, Siegfried, qui tue le dragon, est un inconscient. Hercule se laisse éternellement duper et conduire par Eurysthée, qui ne cherche que sa perte et ne lui donne que les conseils les plus perfides : de même Sigurth, dans les Eddas, n'agit que par suggestions étrangères ; il oublie la foi jurée à Brynhild et suit aveuglément tous les mauvais avis qu'il reçoit. Il est, en somme, la personnification de la force brutale sans intelligence ni moralité.

Wagner, tout en conservant les traits distinctifs du type légendaire, a su lui imprimer un charme qui manquait à l'original. Le premier acte, notamment, qui est presque tout entier de son invention, nous montre un Siegfried gai, enjoué, taquin, doux et violent tour à tour, rêveur et énergique, dont on ne trouverait pas trace dans les poèmes antérieurs et qui nous laisse l'impression délicieuse d'une jeunesse pleine de sève et d'exubérantes énergies. *Siegfried,* dans la pensée de Wagner, devait d'ail-

leurs former contraste au regard de la tendance
générale du *Ring*. Dans ses lettres, il le désigne
constamment comme un sujet *gai : ein heiterer
Stoff*, dit-il à plusieurs reprises à Liszt et à Uhlig.
Le mot est à retenir, et je crois devoir y insister,
car il me semble que cette façon de comprendre
« gaîment » le type du héros germano-scandinave
est très particulière à Wagner. Ce qui est remarquable, en effet, et c'est par quoi son Siegfried
se distingue de toutes les autres adaptations
modernes, lyriques ou dramatiques, c'est l'extraordinaire vivacité d'allure, l'entrain juvénile, la
bonne humeur qu'il garde d'un bout à l'autre de
ses aventures. Tous ceux qui, avant ou après
Wagner, ont tenté de faire revivre au théâtre le
Tueur du dragon, l'ont conçu sous l'évidente préoc-
cupation de lui laisser sa grandeur épique, son
ampleur de héros ; et, comme il arrive toujours en
pareil cas, ils n'ont réussi qu'à nous donner une
figure très boursouflée, pleine de fausse sentimen-
talité et de rhétorique vaine.

Wagner a eu le sentiment bien plus juste de ce
qui convenait ; il a fait son Siegfried de proportions
naturelles et non grandi aux dimensions de
l'épopée : c'est un adolescent de propos vifs et
de muscles vigoureux. Il est comme l'Angus de la
Légende des siècles,

> ...un garçon doré, vermeil, sonnant du cor,
> Qui semble presque femme et qu'on sent vierge encor ;

De même qu'Angus suivi de son bouffon gri-
macier, il vient, lui, suivi d'un ourson capturé dans
les bois. Quand il paraît,

> Il regarde, il écoute, il rayonne, il ignore,
> Et l'on croit voir l'entrée aimable de l'aurore.

On sent que, dans le monde étrange où nous passons,
Ce nouveau-venu, plein de joie et de chansons,
Tel que l'oiseau qui sort de l'œuf et se délivre,
A le mystérieux contentement de vivre.

Il a horreur de Mime le nain, son père nourricier, non par un sentiment bas, et il le brutalise, non pour abuser de sa force, mais parce qu'un instinct l'avertit que cet être contrefait le dupe et lui ment sans cesse. Comme le lui fait dire Wagner :

Dès que tu veux m'exciter l'appétit,
Le dégoût me monte à la bouche ;
Si tu prends soin de me faire mon lit,
Le sommeil s'enfuit de ma couche ;
Si tu veux m'éclairer et m'ouvrir mon esprit,
Mon esprit rebelle se bouche ;
Quand je lève les yeux vers toi,
     Une rage farouche
Tout à coup s'empare de moi !

(Acte I, scène I.)

C'est l'éternelle rébellion des âmes jeunes contre les tutelles inutiles, à laquelle viendront s'ajouter plus tard les inquiétudes du cœur, avec des retours émus vers l'enfance paisible, et la curiosité des mystères soupçonnés mais encore incompris.

Puis vient la soif de l'action, qui se manifeste avec une décision extraordinaire, allant droit au but sans aucune hésitation sur les moyens.

Tous ces traits de caractère, si finement observés, que Wagner a groupés dans les scènes où le forgeron Mime, inhabile à reforger le glaive brisé de Siegmund, subit l'humiliation suprême de voir cette épée reconstituée par son élève, sont indiqués, mais très éparpillés dans une foule de traditions populaires issues de l'ancienne légende de Sigurth et du mythe de Vœland, le forgeron, le Vulcain du Nord. C'est ainsi que, dans la chanson du *Hürnen Seyfrit*, Siegfried, après avoir reforgé l'épée, à la barbe du vieux forgeron chez lequel il est entré comme apprenti, fend l'enclume d'un seul coup. Dans ce vieux récit, Siegfried n'a plus ni père, ni mère, idée que Wagner a utilisée poétiquement et qu'il développe avec un charme tout particulier en la rapportant à Siegmund et Sieglinde.

Dans les nombreux *Mærchen* allemands, où la tradition héroïque a été rabaissée au niveau des contes d'enfants, Siegfried est aussi représenté tantôt comme un bon compagnon qui, en apprentissage chez un forgeron, indique à celui-ci comment il faut s'y prendre, fend les enclumes d'un coup d'épée et devient un riche armurier ; tantôt comme un bouvier ou un porcher dont un bain dans la boue de la Sala rend la peau dure comme de la corne, qui devient ainsi invulnérable et acquiert gloire, richesse et puissance.

Parmi ces *Mærchen,* il en est un qui paraît avoir particulièrement influé sur la conception du Siegfried de Wagner et qui nous est signalé par lui-même dans ses lettres à son ami Uhlig : je veux parler du conte *D'un qui s'en va par le monde pour apprendre à connaître la peur* (1).

Ce conte, qui, à la différence de tant d'autres, est demeuré confiné en Allemagne, en raison sans doute de son caractère très spécialement national, met très plaisamment en œuvre deux traits distinctifs du tempérament germanique : l'extrême naïveté et la sorte de gaucherie où l'on sent de la

(1) *Von Einem, der auszog um das gruseln zu lernen.* Ce conte a été recueilli par les frères Grimm.

réserve qui s'allient en lui à un profond sentiment d'indépendance et à une grande fermeté de résolution.

Le héros du conte est un adolescent que tout le monde croit niais et insensible, parce qu'il est rétif à tout enseignement, et que les histoires de revenants, les plus terrifiants récits n'ont pu l'émouvoir. Ainsi il traverserait un cimetière, « même la nuit », sans avoir peur. Quand il entend quelqu'un dire : je frissonne, il le supplie ingénument de lui expliquer et de lui apprendre ce que c'est que d'avoir peur et de frissonner *(gruseln)*. En un mot, c'est un gars qui ne s'en laisse pas conter, et c'est pourquoi, — trait piquant, — on le juge propre à rien ; ce qui ne l'empêche pas d'ailleurs d'arriver à toutes ses fins. Son père l'envoie courir par le monde. Peut-être qu'ainsi il apprendra à connaître ce sentiment qu'il ignore et qu'alors son intelligence s'assouplira. Mais les aventures les plus invraisemblables ne lui font pas perdre un seul instant son imperturbable sang-froid. Il a été mis en apprentissage chez un sacristain. Le soir, on l'envoie dans la tour de la vieille église sonner les cloches. Dans l'escalier sombre, il rencontre une forme blanche. Au lieu de s'épouvanter, il interpelle gaîment le fantôme, et, comme celui-ci ne fait pas mine de répondre à ses questions, il va droit à lui et l'envoie rouler en bas de l'escalier. Bien entendu, le fantôme n'était autre que le sacristain, qui, la jambe cassée, n'a rien de plus pressé que de mettre à la porte ce gamin qui ne croit même pas aux spectres.

Le voilà de nouveau courant les grands chemins ; son père lui a donné cinquante thalers ; tout en cheminant, il se répète à lui-même : « Si seulement je pouvais apprendre le frisson ». Un passant l'entend et le mène, moyennant les cinquante thalers, en un

4

endroit où sept condamnés à mort pendent à un gibet. Il s'agit de passer la nuit avec eux. « Si, cette fois, tu n'apprends pas le frisson, reviens me voir demain, je te rendrai tes cinquante thalers », lui dit l'autre malignement, bien convaincu que l'enfant mourra de peur. Mais la nuit arrive, le gars allume un bon feu au pied du gibet. Les pendus s'agitent là-haut et s'entre-choquent sous l'effort du vent. Il les interpelle crânement : « Si vous avez froid, venez donc vous réchauffer à mon feu. » Et, tranquillement, il va les décrocher tous les sept et les asseoit en rond, autour du foyer. Comme ils continuent à ne pas quitter leur raideur cadavérique, il se fâche : « Ah ça ! pas de plaisanterie. Si vous ne parlez pas, je m'en vais vous repasser la corde ». Mais les morts n'entendent pas et répondent moins encore. Alors il va les rependre. Le lendemain, il retrouve son homme. — Eh bien, sais-tu maintenant ce que c'est que le frisson ? — Non, répond notre héros, comment l'aurais-je appris ? Ces sept là-haut n'ont pas ouvert la bouche et si je ne les avais pas remis à leur place, ils auraient été assez niais pour se laisser brûler à mon feu ! »

D'aventure en aventure, il arrive, conduit par un autre passant, devant un château qui est maudit. A qui passera trois nuits de suite dans ce château, le roi qui l'habite a promis la main de sa fille. Qu'à cela ne tienne, se dit notre bonhomme; la chose vaut la peine d'être tentée. En vain cherche-t-on à le dissuader. Que de nobles et de roturiers ont déjà fait l'expérience ! Aucun n'est sorti vivant du château. Lui, rien ne l'arrête. Hardiment, il se présente au roi, qui le reçoit en souriant et le laisse aller sans croire au succès de l'entreprise.

Dans le château maudit, il subit alors toutes sortes d'épreuves plus macabres les unes que les autres.

Il coupe les ongles à des chats fantastiques qui lui proposaient une partie de cartes; il se couche dans un lit somptueux, lequel, aussitôt qu'il y est installé, se met en mouvement et, dans une course folle, « comme traîné par six chevaux », parcourt tous les appartements du château. Une autre fois, ce sont des squelettes qui tombent par la cheminée dans le foyer; alors s'engage une partie de quilles dans laquelle des crânes servent de boules; seulement, comme ces crânes sont bosselés, notre gars les arrondit et les polit, ce qui met fin à la fantasmagorie. Il voit aussi venir à lui un cercueil avec un mort dedans. Trouvant froid ce cadavre, il le couche près de lui : « A deux dans le même lit, on se chauffe plus facilement ». A la chaleur, le mort s'est réveillé et maintenant le menace; le petit a vite fait de le maîtriser et il s'empresse alors de le renfermer dans son cercueil. Après chaque aventure, il répète la même phrase : « Décidément, je ne frissonne pas; jamais je n'apprendrai la peur ».

La fin du conte nous rapproche de Siegfried. Comme le gars vient de refermer le couvercle du cercueil, un géant à barbe blanche se précipite sur lui : « Tu vas mourir! — Minute! répond l'autre; pour que je meure, il faut tout au moins compter avec moi. On ne me fait pas peur; je suis aussi fort que toi. — Voire! réplique le géant. Nous allons donc nous mesurer. »

Il mène alors l'enfant par de sombres couloirs dans une forge où, se saisissant d'une hache, il fend d'un seul coup une énorme enclume. — J'en ferai bien autant, dit le petit. Et, saisissant à son tour la hache, d'un coup, il fend non seulement l'enclume, mais encore il emprisonne dans la fente, comme en un étau, la longue barbe blanche du géant. Celui-ci lui montre alors trois caisses remplies d'or : l'une est aux pauvres, l'autre au roi, la troisième pour lui. Minuit sonne, le mauvais sort qui pesait sur le château est rompu et, le lendemain, notre adolescent épouse la fille du roi. Finalement il apprend de la manière suivante le sentiment qu'il ignore : Comme il se plaint toujours de ne pas connaître la peur, un soir, à l'instigation de sa femme, on lui verse dans le lit un seau plein de petits poissons. Leur frétillement le remplit de stupeur.

Ce soir-là, il connut le frisson (1).

(1) Dans le recueil de Grimm, on trouve un autre conte qui n'est pas sans quelques rapports avec celui-ci et qui a le même point de départ. Un jeune prince doit se soumettre à trois épreuves pour obtenir la main de la fille du roi. Il passe, lui aussi, trois nuits dans un château maudit où il subit toutes sortes de diableries. Seulement, ici c'est une *dame blanche* qui vient à son secours et qui l'aide à vaincre tous les obstacles. Il y est question encore d'un lion qui, délivré par le jeune héros, s'attache à ses pas et, comme dans le roman français du *Chevalier au lion,* devient le plus fidèle compagnon de son maître. Signalons, enfin, dans ce conte, un trait qui indique combien sont tenaces les traditions mythologiques. La première épreuve imposée au jeune homme est d'aller cueillir les *pommes de la vie (Lebensæpfel)* ; il trouve l'arbre, mais au moment de cueillir le fruit, il aperçoit un anneau d'or qui y est suspendu. Il se passe cet anneau au bras et se sent aussitôt une force herculéenne, un courage à toute épreuve. Il y a là tout ensemble des ressouvenirs de l'antique *jardin des Hespérides,* des *pommes de la jeunesse,* de la tradition scandinave et de l'*anneau magique,* commun à l'Orient et à toute l'Europe. On lit dans le poème de *Floire et Blanceflor,* à propos de l'anneau que la reine donne à son fils :

Fer ne te pourra entammer
Ni feu ardoir, ni encombrer.
Fils, cet annel a tel puissance
Que bien y dois avoir fiance.
Sache que tant que tu l'auras,
A rien que quières ne faudras.
(Tu ne manqueras de rien de ce qui t'est nécessaire.)

Comparez cet anneau magique avec le Ring forgé de l'or du

N'est-ce pas, en dépit de sa tournure macabre et bien germanique, un conte où passe un joli souffle de belle humeur ?

A première vue, toutes ces imaginations où l'on retrouve, d'ailleurs, des ressouvenirs d'aventures qui remplissent les romans français du cycle breton, n'ont qu'un rapport très éloigné avec notre sujet ; et elles n'offriraient pour nous qu'un intérêt très relatif si ce type de *Jean Sans-Peur* germanique n'était dessiné par le conteur avec un relief puissant et un humour plein de piquante bonhomie. Non seulement il n'a peur de rien, mais il a réponse à tout ; et ses reparties sont si frappantes que la plupart sont passées en proverbes. Wagner avait raison de dire que ce conte d'enfants reproduisait sous une forme naïve et plaisante un mythe très ancien et très profond. Il contient, en tous cas, une peinture très vraie de l'allure prime-sautière d'une intelligence fruste mais droite, de la verdeur de tempérament d'un adolescent sain de corps et d'esprit. Philologiquement, sa parenté avec le mythe de Siegfried serait peut-être difficile à démontrer ; mais Wagner ne s'est point trompé en y reconnaissant une parenté psychologique, et c'est un joli trait d'analyste, chez lui, de l'avoir découverte. C'est à ce conte anodin et à d'autres récits analogues remémorant sous des noms divers les aventures de ce même enfant du peuple que Wagner doit incontestablement le tour vivant des reparties de Siegfried, l'allure familière et naturelle de ses personnages, le dessin d'un contour si net de ses deux principaux caractères, par exemple le dolent égoïsme de

---

Rhin et avec le heaume magique, la *Tarnkappe* de Wagner. Le conte de Grimm auquel je fais allusion est intitulé : *D'un fils de roi qui n'a peur de rien. (Der Kœnigssohn der sich vor nichts fürchtet)*

4.

Mime, la vivacité enjouée de Siegfried et jusqu'à l'ironie cruelle de Wotan à l'égard d'Alberich.

Wagner répétait souvent que « la littérature originale d'une nation est en germe dans ses contes et ses légendes, comme sa musique est en puissance dans ses chansons ».

Il a montré, dans *Siegfried* comme nulle part, quel parti considérable un vrai poète pouvait tirer des inventions les plus naïves de l'imagination populaire.

III

J'arrive maintenant à un personnage dont la première apparition sur la scène de Bayreuth n'a pas laissé de provoquer des observations et des objections qu'il est impossible de ne pas relever en passant, je veux parler du DRAGON FAFNER.

Certains critiques qui se réclament volontiers de l'esprit moderne et du réalisme au théâtre n'ont pas hésité à condamner ce monstre. Wagner, selon eux, aurait dû le laisser dans la coulisse.

Voilà qui est facile à dire après coup. Et Wagner, j'imagine, aura dû bien s'amuser à Bayreuth des leçons de goût que lui administra la nichée d'esthètes improvisés subitement éclose autour de Fafner, en l'an 1876.

Par une singulière inadvertance, qui n'est pas rare d'ailleurs chez ce qu'on appelle les gens d'esprit et de goût, aucun de ces critiques ne s'est demandé si Wagner eût pu faire autrement et si, laissant le dragon dans la coulisse, il eût obtenu à la scène l'impression de terreur et de grandeur qu'il avait en vue. Qui plus est, ces profonds réalistes ne se sont pas aperçus un instant de l'effrayante

contradiction dans laquelle ils tombaient en admi-
rant sans réserve, à la fin de la *Walkyrie,* le tableau
de la montagne en feu ; dans *Siegfried,* à la scène du
réveil de Brunnhilde, l'apparition des mêmes
flammes magiques, alors qu'ils condamnaient si
sévèrement le dragon. Cependant, la situation de
cette femme dormant pendant vingt ans au milieu
des flammes est aussi peu conforme à la réalité et
à la vraisemblance que le combat entre le dragon
et le blond adolescent armé de l'épée et du cor
d'argent. Dans les deux cas, la fantaisie du poète
nous transporte hors de la réalité présente, dans la
réalité du rêve poétique. Pourquoi le lui reprocher
ici et le lui permettre là ? Singulier phénomène de
logique qu'il me paraît oiseux d'examiner de plus
près, comme il serait d'ailleurs oiseux de s'arrêter
plus longtemps à des impressions aussi peu appro-
fondies, à des jugements aussi sommaires et aussi
superficiels.

Au fond, la question du *dragon* touche à un problème d'esthétique sur lequel on a beaucoup
disputé sans jamais le résoudre définitivement :
celui de l'emploi du merveilleux dans la Poésie.
Dans ce débat, il y a ceci de particulier qu'invariablement les poètes, et les plus grands, ont été
avec le sentiment populaire pour l'emploi illimité
du surnaturel ; et qu'invariablement aussi les adversaires du merveilleux se sont recrutés parmi les
esprits cultivés formant ce qu'on appelle la classe
des « lettrés » et qui s'attribuent si volontiers le
rôle de « législateurs du Parnasse ». Depuis le poète
de *Ramayana* jusqu'au poète de l'*Anneau du Nibelung,* en passant par Homère, Eschyle, Dante,
l'Arioste, Calderon, Shakespeare, Gœthe, je n'en
vois pas un seul, parmi les Puissances supérieures
de la Poésie, qui n'ait fait usage largement et cons-

tamment du merveilleux. Je ne parle pas des féeries
de la *Henriade*. Ce sont des inventions factices d'un
art poétique en pleine décadence et qui ne peuvent
apporter au lecteur qu'un insurmontable ennui. Il
s'agit du merveilleux surhumain, du merveilleux de
l'ordre divin, de celui qui symbolise des lois éternelles ou l'action mystérieuse des forces de la
nature. Ce merveilleux-là est profondément poétique, il est saisissant ; et il est légitime dans l'art,
il y est nécessaire, parce qu'il est un moyen puissant
de donner une forme concrète et un relief incomparable à des synthèses d'idées ou de faits. Ce
merveilleux n'est jamais une fiction arbitraire ; il
est, au contraire, vrai et de la réalité la plus frap-
pante, parce qu'il est la réalité morale planant
au-dessus de l'autre et la dominant.

Dans l'œuvre qui nous occupe, qui ne voit que
le monstre tant décrié par quelques-uns était un
élément indispensable de la donnée poétique
portée à la scène, et que Wagner n'aurait pas pu
le supprimer sans mentir à la légende, c'est-à-dire
à l'histoire qui est plus que de l'histoire, à l'histoire
synthétisée et devenue symbole ?

Siegfried est inséparable du dragon, comme il
est inséparable de Brunnhilde sommeillant dans
le cercle de feu. S'il ne traversait pas le feu, s'il
ne tuait pas le dragon, il ne serait pas Siegfried.
Wagner a obéi ici à la même nécessité poétique
qui poussa Shakespeare à nous montrer, dans
Macbeth, Hécate et les trois sœurs du Destin, dans
Hamlet le spectre du vieux roi ; Gœthe, à faire
parler et agir devant nous Méphistophélès ; Tirso
de Molina et après lui Molière et Mozart, à mettre
en mouvement la statue du Commandeur ; Eschyle,
à laisser les Furies sortir du Tartare et remplir
le théâtre de leurs stridentes clameurs.

La légende lui offrait, dans le combat de Siegfried et du dragon, un symbole plein de caractère et d'une netteté d'expression admirable; c'était son devoir de le conserver, et la faute de goût, le vrai manque de tact eût été de ne pas le reproduire.

Qu'est-ce, après tout, ce dragon FAFNER? C'est, sous une forme concrète, tout un ensemble d'idées, de traditions, de visions.

Dans la légende, Fafner ou Fafnir est un géant qui s'est changé en dragon pour mieux garder l'or enlevé aux nains. Les métamorphoses de ce genre sont communes à toutes les mythologies. Non seulement les géants et les dieux, êtres supérieurs, peuvent se changer, à leur gré, en bêtes féroces ou monstrueuses; cette faculté est attribuée aussi, par la croyance universelle, à l'homme dans certaines conditions. D'innombrables contes populaires du moyen âge, demeurés vivaces jusqu'à nos jours, sont pleins de ces métamorphoses hors nature, auxquelles s'attache un sens profond. Elles symbolisent tantôt le vice bas, la cruauté ou l'égoïsme impitoyables; tantôt certaines vertus bienfaisantes, comme si l'excès de l'un et de l'autre, du vice et de la vertu, ne se pouvait concevoir sans une déformation de l'être humain.

C'est également une croyance universelle que les trésors sont gardés par des dragons ou des serpents. Elle existe en Chine, aux Indes, en Afrique comme dans toute l'Europe. Et cette croyance s'est maintenue à travers les âges. Dans le *Pantcha-Tantra* des Indiens, qui remonte à trois mille ans, c'est un serpent qui garde les trésors, comme plus tard, dans l'antiquité classique, ce seront des serpents qui garderont la Toison d'Or et le Jardin des Hespérides. Au moyen âge, ces monstres gardiens de trésors apparaissent partout.

Dans l'*Image du monde,* poème français du
XIIIe siècle, on lit :

> Là sont les grans montaingnes d'or,
> De pierres et d'autre trésor ;
> Mais n'i ose approchier nul hons (homme),
> Pour les dragons et les griffons.

Marie de France nous apprend d'un de ses héros
que

> Li serpens li done mut d'or
> Et lui enseigna son trésor.

Nulle part, cependant, cette fiction n'a été plus
répandue et n'est plus intimement liée aux traditions nationales qu'en Scandinavie, en raison du
rôle considérable que joue dans ces traditions le
fameux trésor du Nibelheim, l'or du Rhin. On allait
jusqu'à dire que l'or croissait avec le dragon, et on
l'appelait même simplement la *Couche du dragon.*

Enfin, toutes les mythologies mentionnent également les exploits de héros, pareils aux dieux, qui
délivrent leur pays de géants malfaisants méta-
morphosés en bêtes monstrueuses. A côté des
légendes pélasgiques d'*Hercule,* de *Jason,* de
Persée, la Scandinavie et la Germanie peuvent
citer celle de Siegfried ; l'Angleterre celle de
Beowulf, le Siegfried anglo-saxon ; le pays wallon
celle de Gilles de Chin, qui vainquit le dragon de
Wasmes.

L'antiquité celtique en a possédé aussi en grand
nombre. Il suffit de renvoyer aux contes bretons et
gallois relatifs à l'enchanteur Merlin, à l'histoire
du serpent du Karn ou roche druidique, à celle du
dragon vaincu par le héros Wigalois et qui
dévastait les Etats de Lariette, reine du Ko-
rantin, etc. Seulement les traditions celto-gauloises

paraissent avoir été christianisées très tôt et ne
nous sont parvenues que sous leur forme chrétienne. Les actes de la vie des saints sont remplis
d'exploits héroïques de ce genre. Dans beaucoup
de ces légendes chrétiennes, le dragon est encore
le monstre mythologique et païen, très nettement
reconnaissable; ainsi dans les légendes de saint
Georges, de saint Michel, de saint Marcel de Paris,
de saint Julien du Mans, de saint Romain de Rouen,
de saint Clément, de saint Materne de Huy, de
saint Domitien, de saint Dérien, de saint Pol de
Léon, de saint Maurice de Lyon et de bien
d'autres. Le nom de certaines saintes finit même
par être mêlé à ce genre d'aventures. C'est ainsi
que sainte Marthe débarrasse la vallée du Rhône
de la terrible Tarasque; sainte Waudru intervient
dans la lutte de Gilles de Chin contre le *lumçon*
de Wasmes. Il y a des légendes analogues sur
sainte Marguerite et sainte Hildegonde dans les
pays rhénans. Quelquefois même, la vierge Marie,
en personne, y joue un rôle.

Plus tard, par la christianisation, le dragon primitif change de caractère et devient l'image même
du démon; il ne représente plus seulement un être
malfaisant, il est tout spécialement l'esprit du mal,
le diable, ennemi du Dieu des catholiques, *li
Satanas félon,* comme il est dit dans le récit du
combat de Baudouin avec le dragon du mont
Tigris.

Il faut croire que ces mythes païens, avant de
devenir chrétiens, avaient pris racine bien profondément dans l'esprit des peuples gallo-celtiques et
gallo-germains, puisque nulle part il n'y a, autant
qu'en France, de légendes de saints se rattachant
au thème du « Vainqueur du dragon. » Elles ont
laissé leur trace non seulement dans la poésie, dans

les contes populaires, dans l'ornementation architecturale (par exemple la *Gargouille* de Rouen et le *Graouilly* de Metz), mais dans des coutumes et des fêtes locales qui n'ont pas encore disparu. Les fêtes de la Tarasque fondées, selon la légende, par le bon roi René pour commémorer le miracle de sainte Marthe ; les fêtes que la ville de Mons donne encore tous les ans, le dimanche de la Trinité, en souvenir de la victoire de Gilles de Chin (1), sont les derniers vestiges des cérémonies et représentations autrefois en usage. Au siècle dernier, on allait encore jusqu'à célébrer, le 12 août, avec un grand déploiement de luxe, dans l'abbaye de Saint-Ghislain, le service funèbre de Gilles de Chin ! Mais il y a mieux : Dans beaucoup de communes et même de villes françaises, on porte encore processionnellement, de nos jours, à la fête des Rogations, l'image des saints terrassant des dragons ou des bêtes analogues.

Wagner, on le voit, n'est pas l'inventeur du monstre Fafner, pas plus qu'il n'a créé l'oiseau qui parle ; il se trouve ici sur le terrain, non d'une

---

(1) Un immense dragon d'osier, que des hommes cachés font mouvoir, est promené par la ville ; un chevalier couvert de fer et vêtu à l'antique, le poursuit à cheval. Tout autour chevauchent des écuyers équipés singulièrement dans de petits chevaux de Frise en carton ; on les appelle les *chins-chins ;* le dragon se nomme le *Doudou.* Une jeune fille blanche qui représente ou sainte Waudru ou la Vierge, figure aussi dans ce bizarre cortège, auquel prennent part également des diables, des hommes sauvages et des *charboulettes* ou jeunes paysannes qui tournoient autour du monstre et l'agacent. Le *Doudou* est armé d'une grande queue mobile au moyen de laquelle il se défend. L'histoire de Gilles de Chin a terriblement embarrassé les philologues belges d'il y a trente ans. Il est singulier qu'aucun n'ait songé à rattacher cette aventure légendaire au mythe de *Siegfried,* le héros frank, qui a laissé tant d'autres traces dans les traditions de la Belgique.

légende locale et nationale, mais de la légende universelle, et c'est une des bonnes sottises de la critique contemporaine d'arguer à ce sujet de son excessif germanisme (1).

Dans l'*Anneau du Nibelung*, Wagner a conservé à Fafner son caractère mythique ; seulement, il a rattaché le dragon à l'histoire des *Nibelungen* en en faisant le dernier représentant de la race des géants.

Ainsi la mort du monstre devient plus saisissante, et plus tragique sa lamentation, au moment

---

(1) M. de Fourcaud l'a très justement fait observer dans une curieuse étude sur la *Féerie des paysans*, insérée dans la *Grande Revue de Paris et Saint-Pétersbourg* du 15 septembre 1888. Il y rapporte également un conte gascon qui n'est pas sans certaines analogies avec la légende de Siegfried Un *fils du roi d'Espagne* épris de la *fille du roi de France*, pour l'obtenir, est obligé de se soumettre à trois épreuves, dont l'une est de délivrer le pays d'un ogre terrible qui le ravage. Au cours de sa chevauchée, il s'arrête sous un chêne, au haut duquel se débat un hibou pris entre deux branches ; il délivre l'oiseau qui, par reconnaissance, l'aide ensuite de ses conseils.

« — Fils du roi d'Espagne, merci. Ton service te sera payé. Je suis le roi des hiboux et je sais ce que tu veux : tu veux le vin qui rend la jeunesse... Ce vin est là-bas, au plus fourré de ce grand bois, gardé par une terrible bête sauvage qui ne dort ni nuit ni jour. Fils du roi d'Espagne, je t'aiderai quand il faudra faire bataille. Partons. »

Le fils du roi d'Espagne monte sur son bon cheval blanc, et le roi des hiboux s'accroche sur le pommeau de sa selle Au galop ! Ils atteignent la terrible bête. Pendant une grosse heure d'horloge, le jeune prince fait bataille à grands coups d'épée, sans pouvoir la frapper au bon endroit.

Subitement le roi des hiboux part comme l'éclair. En deux coups de bec, il crève les yeux du monstre : « Hardi ! fils du roi d'Espagne, frappe au bon endroit. Je t'ai payé ton service. Adieu... »

Le roi des hiboux s'envole, et, maître du vin qui rend la jeunesse, le prince repart au grand galop et finit par épouser la fille du roi de France.

5

du trépas. Cette lamentation, d'un si grand caractère dans le drame (acte II, scène 2),

> Qui donc es-tu, fils intrépide,
> Héroïque vainqueur !

est presque textuellement empruntée par Wagner
aux Eddas, au Chant de Fafnir *(Fafnismâl)* :

Compagnon, compagnon, quel père t'a donné le jour ?
De quel homme es-tu fils, toi qui as su teindre ton arme
brillante dans le sang de Fafnir ? Ton épée a transpercé
mon cœur.. Qui t'a poussé et comment t'es-tu laissé pous-
ser à me tuer, ô jeune homme, à l'œil lumineux... Prends
garde, cet or au son retentissant, ce métal aux reflets
rouges te sera fatal.

Ce dernier trait, Wagner l'a conservé ; seulement, par le rapport qui a été établi dans les pièces
précédentes entre les géants, les Nibelungen et les
dieux, ainsi que par la malédiction qui pèse sur
l'or à la suite des violences dont sa possession a
été la cause, cet avertissement fatidique a, dans le
drame, un relief et un accent tragiques bien plus
intense.

De même, Wagner a conservé la saisissante
apostrophe du dragon à Siegfried : Jeune homme
à l'œil lumineux, *hellœugiger Knabe.*

Dans la caractéristique du dragon, il se rapproche plutôt des légendes germaniques. C'est
ainsi qu'à l'antre où dort le monstre il donne la
dénomination significative de *Neidhœhle* (de *Neid*,
envie, et *Hœhle*, caverne). Le mot *Neid*, dans l'ancien
allemand, veut dire : haine, dispute, querelle, avec
une nuance de perfidie. M. Wilder traduit assez
heureusement : *Haine-antre.*

Tout le drame qui se déroule autour est fait de
passions basses, de cupidités féroces, d'envieuses
rancunes.

Wagner a adopté aussi la forme donnée par l'imagination populaire au dragon gardien du trésor des *Nibelungen*. Dans l'*Edda*, Fafner est qualifié de *ormr*, d'où l'allemand *Wurm*, c'est-à-dire *Ver*. Les chants héroïques allemands l'appellent aussi *Lindwurm* ou *Linddrache*, de *Lind*, serpent, et *Wurm* ou *Drache*, ver ou dragon. Il est donc essentiellement un reptile, pareil à peu près aux dragons de l'Europe méridionale et de l'antiquité gréco-latine. Il lance du feu et du venin par les yeux, par les naseaux et par la gueule. Suivant d'autres traditions, il est ailé : c'est ainsi qu'on le voit dans l'histoire de *Beowulf*, le Siegfried anglo-saxon. Mais il n'a jamais qu'une tête. L'imagination plus fertile du Midi en avait donné cent au serpent qui gardait le jardin des Hespérides ; au dragon qui gardait le trésor des Argonautes, elle avait donné une tête de taureau ; l'hydre de Lerne avait sept bouches qui vomissaient des flammes ; de même, la bête de l'Apocalypse a sept têtes et dix cornes. Je ne parle pas des dragons ailés, cornus, couverts d'écailles de poisson ou de poils en manière de dards, aux crocs énormes garnissant des gueules de lions ou de tigres, que les Indes, la Chine et le Japon nous ont fait connaître. Cela nous écarterait sensiblement du Fafner, plus modeste, des contes populaires allemands.

Dans ceux-ci, le dragon, le *Linddrache*, est toujours un reptile, mais un reptile qui a deux pattes, armées de griffes énormes. C'est un mélange des formes du serpent et de l'antique griffon, à tête d'aigle ou de lion ; plus tard, on le décrit comme un animal assez semblable au crocodile. C'est cette figure qu'à son tour a adoptée Wagner. Le dragon Fafner a l'apparence d'un énorme lézard : le dos armé d'écailles rugueuses, deux pattes de devant sur lesquelles il peut se dresser pour faire face à l'ennemi et une queue énorme dont il se sert pour battre l'air et se débarrasser de ses adversaires. Les thèmes musicaux qui le caractérisent indiquent sa double nature : l'un est rampant, l'autre rappelle la démarche lourde des géants (1).

Ces détails pourraient paraître puérils ; ils ne sont pas cependant sans importance, car, après les représentations de Bayreuth où, par suite d'une avarie arrivée en voyage au monstre de carton (il avait été fabriqué à Londres), l'animal ne se comporta pas comme il devait, on a tenté sur différentes scènes allemandes de lui donner une autre forme sous prétexte de le rendre plus pratique. Il a fallu en revenir au modèle imaginé par Wagner et reconnaître finalement que ce qui avait été réalisé à Bayreuth était, en somme, ce qu'on pouvait faire de mieux.

Signalons à ce propos le soin méticuleux avec lequel Wagner donne, sur le combat entre le dragon et Siegfried, les indications de mise en scène les plus précises, pour empêcher les régisseurs et les directeurs de théâtre généralement enclins à faire du réalisme où il n'en faut pas, de commettre des fautes de goût dont l'auteur est ensuite rendu responsable.

D'abord Wagner, afin de laisser toute latitude à l'imagination des spectateurs, demande que la caverne où Fafner est censé habiter soit tout au fond du théâtre, cachée en partie par les branches et le feuillage de la forêt. Le devant de la scène étant vivement éclairé (il est midi), le fond, aux abords de l'antre, doit au contraire être très obscur, conformément aux lois de l'optique qui empêchent

---

(1) Voir, à la table des thèmes, les exemples VI et XVII.

un spectateur placé en pleine lumière de distinguer nettement les objets placés dans la demi-obscurité relative d'une pièce close ou d'un sous-bois.

Si l'éclairage est bien réglé suivant ces indications, le dragon demeurera dans la pénombre pendant toute la partie de l'acte qui se passe en plein jour, c'est-à-dire pendant le combat. Il est bien entendu qu'on ne voit pas le dragon dans la première scène, entre Alberich et Wotan. Lorsque le dieu réveille le monstre, Wagner veut qu'on entende seulement « sa voix, venant du plus profond de l'antre ». Ceci encore n'est point une indication arbitraire. Il n'est pas du tout indifférent que Fafner parle de tel ou tel côté de la scène.

La sonorité étrange de cette voix de basse qui arrive au spectateur épaissie et grandie par un porte-voix, doit donner l'impression de quelqu'être extraordinaire se dissimulant dans les mystérieuses obscurités qu'on a devant soi, et voilà pourquoi c'est du fond de la scène, non de la coulisse (1), que cette voix doit se diriger vers nous, comme d'un lointain ténébreux.

Lorsqu'ensuite a lieu la provocation de Siegfried et le combat, la volonté expresse de Wagner était qu'on ne vît qu'une partie de la bête, et toujours noyée dans une demi-obscurité. Les dispositions scéniques qu'il avait prises à cet effet à Bayreuth sont très curieuses et prouvent l'attention extraordinaire qu'il donnait aux moindres détails de l'exécution. Il avait fait disposer, devant la caverne, un praticable, c'est-à-dire un décor en charpente,

---

(1) M. Wilder commet une légère erreur en mettant en tête de la scène : *Fafner à la cantonnade*. La cantonnade, c'est la coulisse. Wagner n'a rien indiqué de pareil. Il veut très nettement le fond de la scène, il veut que la voix parte de la place où le dragon se trouve réellement.

représentant un exhaussement de terrain et qui, après s'être élevé, à partir du deuxième plan, en pente douce jusque vers le milieu du théâtre, redescendait de l'autre côté, également en pente, vers la caverne. De la sorte, quand le dragon commence à se mouvoir, on avait nettement la sensation qu'il sortait d'une profondeur ; et, plus tard, quand Siegfried courait à sa rencontre, on le voyait réellement descendre vers l'antre, remonter pour se garer des coups de queue de la bête, et redescendre pour lui plonger le fer dans le cœur.

Quant au combat proprement dit (1), Wagner l'avait réglé mesure par mesure. Sa partition d'orchestre porte, très exactement indiqués, tous les mouvements des personnages, qu'il voulait

---

(1) Il est assez curieux de constater que, dans ses indications scéniques, Wagner suit très exactement les récits des anciens poèmes sur les combats avec les dragons. Ainsi celui de Graindor de Douai sur le combat de Baudouin avec le serpent du mont Tigris nous montre ce héros provoquant d'abord le monstre et essayant de le conjurer. Ensuite il l'attaque, mais son javelot rebrousse sur l'écaille du dragon. Celui-ci jette un cri épouvantable :

Par mautalent et d'ire a un tel brait jeté
De mal et de fureur il a jeté un tel cri
Li mons en retenti et de lonc et de lé.
Que les montagnes en retentissent au loin et au large.
Le héros hésite un moment, puis s'élance sur la bête, et l'attaque exactement comme Siegfried :
Or est de Bauduin, le hardi combatant,
Or voici...
Qui le serpent requiert ; et menu et sovant,
    ...provoque; et, sans tarder
Sovant le fiert derrière, et en coste et devant.
    ...le frappe...   *...de côté...*
Mais le piax est si dur, n'en put empirier tant
    ...la peau...   *qu'il n'y peut nuire*
Qu'il en put abatre quatre denier vaillant.
Ni même en couper pour quatre sous.

correspondants au développement des thèmes musicaux. Il n'est pas sans intérêt de reproduire ici ces indications.

Le combat commence au mouvement marqué *animato*, en 6/8.

A la mesure 1, Siegfried, tirant son épée, fait un bond du côté de Fafner (vers la hauteur), puis se met en garde. Ce mouvement s'exécute pendant que l'orchestre joue le thème de *Siegfried*. Fafner rampe alors vers le sommet du talus et, par les naseaux, lance vers Siegfried un jet de bave envenimée. L'orchestre, pendant ce jeu de scène, joue le thème du *Dragon*. Cela fait en tout *huit* mesures.

A la mesure 9, deuxième apparition du motif de *Siegfried*. Wagner indique que Siegfried, après avoir évité le venin, fait un nouveau bond en avant, et se place sur le côté du monstre. Fafner cherche alors à l'atteindre de sa queue. Ce jeu de scène prend 16 mesures où l'orchestre a des dessins caractérisques dont le sens échapperait s'ils ne concordaient pas absolument avec les mouvements des personnages.

Troisième apparition du thème de *Siegfried* (mesure 25) : Siegfried saute d'un bond par dessus le monstre, qui a failli l'atteindre, et le blesse à la croupe (4 mesures). Fafner rugit, retire vivement sa queue et se redresse pour se jeter sur Siegfried : par ce mouvement, il découvre sa poitrine (9 mesures).

Quatrième apparition du motif de *Siegfried*

Le poète nous montre aussi le dragon :
> ...à gueule baée giettant feu asprement.
> De sa keue fiert l'un et puis l'autre du dent.
> *frappe*

Finalement la peau du monstre cède aux coups redoublés de l'épée, et le dragon tombe aux pieds de son vainqueur.

(mesure 38) : Siegfried vise rapidement le cœur du monstre et y plonge son épée jusqu'à la garde (5 mesures). Fafner se redresse davantage, puis retombe lourdement. A ce moment, on entend de l'orchestre un rappel du motif des géants dont la race va s'éteindre par la mort de Fafner.

Ainsi la musique suit pas à pas l'action. Mieux que cela, elle la règle. La quadruple apparition du thème de *Siegfried* n'est pas un caprice : elle est un *détail voulu* et significatif par opposition aux dessins qui s'appliquent à Fafner.

D'autre part, on aura remarqué que ce combat est une suite d'actes parallèles répondant les uns aux autres et dans lesquels le *rôle principal* reste toujours à Siegfried. Le dragon, le ver, n'a laissé voir partiellement que sa tête monstrueuse et l'extrémité de sa queue ; enfin, au dernier moment, sa poitrine. Le spectateur, en un mot, ne fait que l'apercevoir, mais, par le peu qu'il voit, son imagination est en mesure de reconstituer le monstre, pour le surplus, dans toute son énormité. Tel est, en réalité, le but que poursuit Wagner. Ce n'est pas d'exhiber, comme dans une féerie, une machine représentant, d'une façon plus ou moins heureuse, une bête extraordinaire et, généralement, plus ridicule que terrifiante ; il est uniquement de provoquer l'imagination du spectateur par un simulacre scénique, et de lui suggérer ainsi l'impression d'une lutte énorme, gigantesque, disproportionnée entre l'adolescence naïve, qui ne tremble pas, et la lourde puissance du géant métamorphosé.

Qu'importe, après cela, que le cartonnage chargé de nous suggérer l'idée de cette lutte héroïque, évolue avec aussi peu de grâce que de vérité. Nous savons bien qu'il n'est qu'un monstre en effigie, comme nous savons que les

flammes entourant la couche de Brunnhilde ne
sont que des flammes inoffensives. Nous retom-
bons ici dans cette convention tacite entre l'artiste
et le public qui est préalable à toute œuvre d'art,
comme l'a fait observer Gœthe dans un de ces
petits écrits (1), si instructifs, qu'on ne lit pas assez
et qui se trouvent disséminés dans les derniers
volumes de ses œuvres.

Sous la forme familière d'un dialogue entre un
artiste et un amateur de théâtre, il touche dans ce
curieux morceau une très délicate question d'esthétique : celle de la *vérité* et de la *vraisemblance* des
œuvres d'art.

Il me semble venir fort à propos à cette place.

Gœthe met en scène un amateur de spectacle
qui a trouvé fort déplaisant un décor vu récemment dans une pièce et qui représentait l'hémi-
cycle d'une salle de théâtre avec ses loges et ses
galeries remplies de spectateurs. Plusieurs des
spectateurs véritables avaient, comme lui, trouvé
de mauvais goût qu'on voulût les faire croire à la
réalité d'un décor aussi contraire à la vérité et
aussi peu vraisemblable.

Mais, lui fait immédiatement remarquer son inter-
.locuteur qui n'est autre que Gœthe lui-même, ces
spectateurs avaient tort, car nous savons bien,
quand nous sommes au théâtre, que tout ce que
nous voyons n'est pas vrai. Nous ne demandons
même pas que tout nous semble vrai. Il est
assez difficile de définir exactement ce que nous
éprouvons.

En réalité, aucune représentation théâtrale ne

(1) *Ueber Wahrheit and Wahrscheinlichkeit der Kunstwerke.* (Sur la
vérité et la vraisemblance des œuvres d'art.) Œuvres complètes
de Gœthe, édition Cotta, 1830, tome XXXVIII.

nous paraît vraie, elle a seulement une apparence de vérité. La distinction peut paraître subtile; mais, quand on parle d'opérations de l'esprit, il n'est pas de mots ni de distinctions qui le soient trop.

Comment, se demande le poète de Weimar, expliquer le plaisir que nous prenons à l'opéra? Quand nous voyons les personnages en scène agir et se parler en chantant, lire des billets qu'ils reçoivent, s'avouer leur amour ou leur haine, étaler toutes leurs passions en chantant, se battre et même se quitter en chantant, peut-on dire un seul moment que l'action ainsi représentée soit vraisemblable? Evidemment non; elle n'a que l'apparence du vrai. Mais cette apparence suffit pour produire en nous l'illusion. L'opéra a une sorte de vérité, non point parce que ce qu'il imite est représenté d'une façon vraisemblable; il nous prend, par sa vérité intrinsèque, celle qui résulte de la logique inhérente à l'œuvre même. Pour qu'un opéra soit bon, il faut qu'il forme, en quelque sorte, un petit monde en soi, dans lequel tout se déduit suivant ses lois propres, qui veut être jugé d'après ses lois propres, d'après ses convenances spéciales.

Il suit de là que la vérité dans l'art est foncièrement différente de la vérité dans la nature, et c'est, selon Gœthe, une erreur de l'artiste de viser à ce que son œuvre semble l'œuvre de la nature. Des objets artistiques il est vrai, nous laissent, souvent cette impression; mais c'est le propre du spectateur sans culture de chercher à retrouver dans l'œuvre d'art l'œuvre de la nature... Rappelez-vous, dit-il, les oiseaux se précipitant sur le tableau de Zeuxis pour becqueter les cerises qui y étaient peintes. L'erreur des oiseaux semblerait démontrer que ces cerises étaient admirablement rendues. Nullement ; elle prouve seulement que ces amateurs étaient de simples moineaux.

Gœthe rappelle une autre histoire, celle d'un singe qui, s'étant un jour introduit dans la bibliothèque de son maître et s'étant emparé d'un volume de zoologie, fut trouvé occupé le plus sérieusement du monde à manger les coléoptères qu'il avait soigneusement détachés des gravures ornant le volume. Or, ces gravures coloriées n'étaient même pas, comme œuvre d'art, comparables aux cerises de Zeuxis. N'est-ce point pareillement, conclut-il, que l'amateur peu cultivé demande à l'œuvre d'art d'être naturelle, parce qu'il peut alors en avoir la jouissance d'une façon plus normale et plus appropriée à la grossièreté de son esprit et de ses sens?

Suit-il de là que l'œuvre ne doive jamais être absolument conforme à la nature. Point. Elle est au-dessus de la nature, non en dehors. L'œuvre d'art parfaite est un produit de l'esprit humain et, par conséquent, c'est aussi, en un sens, un produit de la nature. Mais comme l'art condense des observations éparses, qu'il ramasse des éléments même vulgaires pour les faire valoir selon leur importance et leur fonction, il est au-dessus de la nature. Aussi l'œuvre d'art ne peut-elle être goûtée que par un esprit qui a le sens de l'harmonie, et qui est cultivé ; cet esprit trouvera dans l'œuvre parfaite, dans la chose complète en soi, une conformité avec sa propre nature supérieure. De cela, l'amateur vulgaire ne se doute même pas ; il considère l'œuvre d'art comme un objet qu'il achète au marché.

Le véritable amateur, au contraire, l'amateur éclairé, n'a pas souci d'abord du plus ou moins d'exactitude de l'objet reproduit ; il se réjouit avant tout du choix des éléments caractéristiques con-

densés par l'artiste, de l'habileté qu'il a mise dans
leur agencement, de la parfaite ordonnance de ce
petit monde en toutes ses parties : et alors aussi il
sent qu'il doit s'élever jusqu'à l'artiste, qu'il y a
dans l'art « quelque chose de supérieur à la nature
qu'on ne peut pleinement goûter qu'en s'abs-
trayant de notre vie banale et dispersée, une
création avec laquelle il est nécessaire de coha-
biter quelque temps, qu'il faut voir et revoir, afin
de se faire à soi-même une existence adéquate ».

Je crois qu'il est difficile de dire sur ce sujet rien
de plus définitif que n'en contiennent ces quelques
pages de l'auteur de *Faust*. Naturalisme et réalisme,
la question n'est pas née d'hier, mais les conditions
n'ont pas changé depuis le temps de Gœthe. Tel
qui croit sincèrement copier la nature, qui s'imagine sans métaphore identifier l'art avec la réalité,
nous en communique seulement une impression;
impression juste et profonde, s'il a le don d'artiste, ce don si bien défini par Gœthe de choisir,
parmi les mille éléments que lui offre la réalité,
ceux qui sont essentiels, de s'approprier ceux
qui importent et d'exclure ceux qui seraient
insignifiants; moyennant quoi, il nous donne une
œuvre qui, pour n'être qu'un résumé, n'en est pas
moins une chose complète en soi. Par analogie
inverse, tel qui condamne certaines créations
artistiques comme incompatibles avec un prétendu
réalisme nécessaire tombe dans une erreur iden-
tique; il cherche la réalité où elle ne doit pas être.
Il subordonne à une ressemblance, à une possibilité de réalisation matérielle, une fiction qui ne
se rapporte à la nature que par certains côtés et
qui, sans être hors de la nature, est au-dessus
d'elle. Il oublie, en un mot, que toute œuvre d'art
possède sa perspective propre, qui n'est pas celle
de la nature, mais qui en reproduit les lois.

Ceci nous ramène à notre dragon et à son invraisemblance scénique, qui ne l'empêche pas d'avoir pour nous l'apparence de la vérité. Ne pouvant exclure de la légende ce moment essentiel, Wagner se trouvait devant un problème très délicat; celui de porter à la scène la lutte entre l'homme et la bête monstrueuse de telle façon qu'elle ne perdît pas sa signification traditionnelle et qu'elle demeurât l'incident tragique qui délivre définitivement le héros de toutes ses entraves. Un acte aussi important pouvait-il se passer dans la coulisse? un simple récit aurait-il donné l'impression de l'énormité du combat, de l'effort et de la grandeur de la victoire?

Cela ne se peut soutenir. Si bien qu'en définitive, il faut bien reconnaître que Wagner s'est tiré avec beaucoup de tact et d'habileté d'une difficulté extrêmement périlleuse. Nous savons, certes, que la voix du chanteur qui nous arrive épaissie, alourdie et déformée par le moyen d'un porte-voix, n'est pas celle du dragon Fafner; nous savons aussi que les dragons ne parlent pas; qu'ils n'existent même pas; que celui sur lequel Siegfried va essayer sa bonne épée n'est qu'un cartonnage comme cette épée même. Aussi Wagner s'est-il bien gardé de nous inviter à y croire. Nous ne sommes ni les pierrots du tableau de Zeuxis, ni le singe de la bibliothèque de Gœthe.

Mais comme nous n'ignorons plus ce qu'est Fafner et ce que le Destin attend de Siegfried, nous voyons bien au-delà du simulacre qu'on nous représente; nous voyons, dans ce jeu de scène, la lumière dissipant les ténèbres, le courage triomphant de l'astuce, la générosité de l'égoïsme, l'impétuosité jeune de la puissance aveugle, la justice de l'injustice. Et ainsi le drame qui se

déroule devant l'antre du dragon, devant *Neidhœhle,*
la caverne de la Haine, inséparable d'ailleurs des
souvenirs mythiques et légendaires que nous avons
rappelés plus haut, devient un acte de la plus
haute moralité, du tragique le plus saisissant. A
l'intérêt dramatique qui découle de la situation
même, s'ajoutent nécessairement la profondeur des
croyances communes à toutes les races euro-
péennes et le grand souffle des passions humaines,
dont l'éternel conflit entraîne les générations
successives, pour les laisser l'une après l'autre
pareillement vaincues et désemparées.

Ainsi l'œuvre s'augmente d'idées générales qui
en élargissent le sens; chacun des personnages
grandit et s'élève à la dignité de symbole sans
qu'il perde son caractère vivant et sa fonction
purement dramatique.

IV

Passons maintenant au drame proprement dit.

L'action en est extrêmement simple. *Siegfried*
nous raconte comment le fils de Siegmund et de
Sieglinde reconstitue *Détresse,* l'épée de son père;
comment il tue le dragon Fafner, gardien du Trésor ravi aux Nibelungen, et comment, après avoir
brisé la lance de Wotan et traversé le Feu, il
réveille et conquiert Brunnhilde, la Walkyrie condamnée à redevenir une simple mortelle. Ces trois
actions distinctes remplissent chacune un acte.

Ce drame, qui est en quelque sorte le deuxième
acte de la Tétralogie, en est aussi le centre;
de même le personnage de Siegfried en est la
figure principale. Dès le *Rheingold,* il est question
d'un héros que suscitera la volonté de Wotan pour

arrêter la détresse des dieux et rétablir l'ordre troublé du monde; c'est du même héros qu'il est encore question dans le deuxième acte de la *Walkyrie*, et le troisième acte de ce drame est tout entier dominé par l'idée de la venue du sauveur promis et attendu. Tout concourt, en un mot, à faire de Siegfried le personnage sur lequel, dès le début du *Ring* se fixe l'attention et qui, bien qu'absent encore, s'impose sans cesse à l'esprit du spectateur.

Son entrée en scène est ainsi admirablement préparée. Aussi, quand il paraît pour la première fois dans le *Ring*, tout au début de la *deuxième journée*, l'intérêt est-il déjà vivement concentré sur sa personne. Désormais il restera au premier plan, avec Brunnhilde, à laquelle sa destinée va l'unir. Les dieux, les géants, les nains, tout le monde du surnaturel fait place insensiblement à l'élément humain qui s'introduit dans le drame avec Siegfried et va se dégager de plus en plus nettement à mesure que se dérouleront les péripéties mouvementées, héroïques et tragiques tour à tour, qui mènent à sa grandiose conclusion l'histoire des malheurs causés par le rapt du trésor du Rhin et par la malédiction du Nibelung.

Ainsi que la *Walkyrie*, *Siegfried* débute par un court prélude très caractéristique, qui nous met immédiatement en présence de' qlueques-uns des thèmes les plus importants de l'ouvrage (1), et nous rappelle, d'une façon plastique, les idées essentielles et fondamentales de l'action : d'abord un thème (I) emprunté à l'*Or du Rhin*, deux tierces distantes d'une septième mineure, sur une pédale des

---

(1) Voir, à l'appendice, la table des principaux thèmes. Les chiffres romains entre parenthèses indiquent le numéro du thème.

timbales (*fa* grave), formant une succession harmonique étrange et mystérieuse. Wagner semble avoir voulu exprimer par ce thème la sombre et songeuse convoitise des *Nibelungen* vaincus et opprimés. Il se rattache à un autre thème formé également de tierces, mais se succédant par degrés ascendants (II), qui est un fragment des thèmes relatifs à l'*or* et indique, par son association avec le précédent, que c'est à reconquérir le trésor que songent les nains avides, Alberich et Mime. Bientôt se joint à eux le rythme caractéristique (III) qui nous était déjà apparu d'une façon si pittoresque dans l'*Or du Rhin,* lors de la descente des dieux dans la forge du Nibelheim; puis (IV), le motif de l'Anneau sur lequel pèse la malédiction cause de tant de malheurs; enfin (V), l'éclatant motif de l'Epée, qui se détache nettement sur la trame uniformément sombre du prélude. Ainsi, en quelques mesures (le prélude comprend en tout 132 mesures seulement), cette introduction expose les éléments essentiels du conflit de passions d'où surgit le drame.

Au lever du rideau, la scène nous montre une caverne rocheuse dont les issues donnent sur les profondeurs de la forêt, et dont l'un des côtés est tout entier occupé par l'attirail grossier d'une forge primitive, avec son âtre formé naturellement par des blocs de rocher, son grand soufflet, son enclume massive et ses rudimentaires outils.

Mime, le nain, est accroupi devant l'enclume, le marteau à la main, s'efforçant de ressouder les tronçons de l'épée *Détresse,* cette épée divine que, dans l'ouvrage, j'allais dire dans l'acte précédent, la *Walkyrie,* nous avons vue tomber des mains de Siegmund, brisée par la lance de Wotan, recueillie en morceaux par Brunnhilde et donnée par elle à la malheureuse Sieglinde, mère future de Siegfried.

Vingt ans se sont écoulés depuis ces événements. Sieglinde est morte, en donnant le jour à Siegfried, dans la caverne de Mime où elle avait cherché un refuge ; et maintenant, Mime travaille à reforger cette lame d'acier dont il sait la puissance. Ah! s'il pouvait mettre ce glaive unique aux mains de l'enfant de Sieglinde qu'il a élevé ; Siegfried, bien certainement, tuerait Fafner, le géant qui s'est transformé en dragon pour mieux garder le trésor du Nibelung et l'anneau magique d'Alberich.

Mais :

> Peine inutile,
> Tâche stérile.
> Ce glaive, hélas! et tous ceux que je fais
> Ne valent rien (1).....

Ainsi se lamente l'inhabile forgeron, tandis qu'à l'orchestre passent et repassent les thèmes signalés dans le prélude, auxquels est venu s'ajouter, au moment où le nain évoque l'image de Fafner, le thème du Dragon (VI), succession de demi-tons dont les tubas et les contrebasses sonnent les lourdes ondulations.

Tout à coup, la symphonie s'éclaire et s'illumine en même temps que surgit, d'abord exposé par les violons et les violoncelles, un thème nouveau, que nous retrouverons plus tard avec des sonorités plus éclatantes encore dans les cors ou les instruments en bois ; c'est le thème de Siegfried (VII). Et voici paraître le héros en personne, vêtu comme un habitant des bois, une trompe d'argent suspendue au côté, tenant en

---

(1) Les vers cités sont ceux de la version de M. Victor Wilder.

laisse un ourson, qu'il lance contre le nain, déjà détesté comme un inutile et fallacieux tuteur. Le langage du héros est plein de verdeur :

> Hoïho, hardi ! mange le nez du traître !

C'est le salut qu'il adresse à Mime, tout en riant à gorge déployée des terreurs du nain à la vue de l'ours. Puis, quand il a bien ri, il rend la liberté à l'hôte importun des bois. Ce n'était qu'un jeu. Ce qu'il veut maintenant, c'est l'épée que Mime lui a promise et qu'il ne lui donne jamais.

Le nain angoisseux et boitant lui présente alors celle qu'il a forgée.

> Quoi ! C'est cela ? cette lame fluette.
> Est-ce un hochet pour m'amuser ?

dit Siegfried, et, d'un coup sur l'enclume, il la fait voler en éclats.

Son dépit et sa colère se traduisent en un thème nouveau dans la Tétralogie (VIII) et dont l'allure vive, le rythme et les dessins capricieux et énergiques en même temps conviennent admirablement à l'expression des juvéniles impatiences du héros. Plein de rage concentrée, il s'est jeté sur le banc de pierre près de la forge. Mime l'attendait à ce répit, et, prudemment, par de mielleuses paroles, il cherche à le calmer. Il lui offre même à boire et à manger. Mais Siegfried, sans se retourner, du revers de la main, rejette au loin les mets présentés. Alors le nain, d'une voix dolente, se plaint de l'ingratitude de celui qu'il a élevé et nourri.

> Poupon vagissant, mes bras t'ont reçu ;
> Chétif vermisseau, mes mains t'ont vêtu.
> C'est moi qui t'offrais à boire, à manger.
> Je t'ai défendu contre tout danger.

C'est sur une mélodie bien caractérisée, d'une forme rythmique très déterminée, que le nain chante à l'ingrat les mérites et les soucis de sa paternité d'occasion (IX). Cette page importante, qui se détache très en relief de tout ce qui précède, a la forme absolue d'une romance, et, à ce titre, elle mérite d'être notée. Elle est, d'ailleurs, remarquable par le caractère plaintif et comique tout ensemble que Wagner a su imprimer aux paroles et à la musique.

L'instrumentation en est, malgré sa simplicité, d'une force et d'un charme d'expression surprenants. Tandis que les bois et les cors se partagent alternativement la partie chantante de l'accompagnement, dans les basses persiste obstinément un dessin, variation du thème des Nibelungen (III) qui passe des violencelles aux altos alternativement, formant, sous la chanson doucereuse du nain, comme un murmure de haine et d'envie.

Un peu calmé, Siegfried s'est de nouveau tourné vers Mime. Le thème qui caractérise sa fougue juvénile (VIII) revient ici, très adouci et lié, chanté par les violoncelles sur des tenues de cors. Puis il s'anime de nouveau et revient constamment dans l'accompagnement sous sa forme primitive, quand Siegfried considérant ce père nourricier vilain et contrefait, la rage en lui reprend le dessus :

> Tu vas, tu viens, tu sautes et tu trottes,
> Branlant la tête et clignotant des yeux.

C'est l'horreur instinctive de la nature jeune et saine pour le rachitisme perfide et méchant. Notons, sur ces mots, un piquant dessin imitatif (X), dont les clarinettes, avec leur sonorité mordante, accusent l'ironie caricaturale. A tout moment, ce dessin reparaît, scandant de son rythme claudicant les allées et venues du nain détesté.

Mais Siegfried rêve; Siegfried a rêvé. Pourquoi revient-il auprès du nain, pourquoi retourne-t-il, le soir venu, après les courses folles, vers cette caverne où nulle joie ne l'attend, où nul cœur aimant ne le réchauffera? Comment, lui, Siegfried, n'a-t-il pas de mère?

Une exquise mélodie (XI), confiée tout entière aux violoncelles, chante ces doutes du héros, aspirant aux douceurs d'une caresse maternelle.

La question est embarrassante, comme toutes les curiosités d'enfant. Elle n'est pas toutefois pour effrayer Mime : Crois en mes paroles, lui dit-il,

Je suis ton père et ta mère à la fois.

A cette idée, Siegfried se révolte. Lui, le fils de ce nain contrefait! C'est impossible. Un fils ressemble à son père; dans l'eau limpide et claire, il a vu se réfléchir les cieux, les arbres et la plante, et il a vu aussi sa propre image.

A ce moment, la trompette redit le propre *thème héroïque* de Siegfried (XII), que nous connaissons déjà par la *Walkyrie*, et c'est sur la mélodie même du motif qu'il chante ces mots :

J'ai vu s'y refléter mon front d'adolescent (1).

Cette explosion du thème est préparée par quelques mesures d'un charme exquis et pénétrant que j'aimerais à comparer à ces petites fleurs qu'on voit fréquemment dans les grandes compositions

(1) Dans le texte allemand, le chant suit exactement le thème de la trompette. M. Wilder l'a rendu presque méconnaissable en y adaptant ses paroles.

des vieux maîtres flamands ou allemands, dissimulées en un coin du tableau, et qui mettent une note claire, une fraîcheur de la nature sur les plis somptueux d'une robe de vierge ou d'un ample manteau de saint. Ainsi, entre le trait qui marque la révolte de Siegfried et l'éclatante sonorité du thème héroïque qui le caractérise, ces quelques accords soutenus par les cordes et les bois, au moment où Siegfried parle de l'eau où il s'est miré, jettent la douceur d'un murmure de source.

Toujours plus pressantes deviennent les questions de Siegfried. Ce grand mystère de sa vie, il le veut connaître ; Mime cherche à éluder la réponse. Mais Siegfried l'a saisi à la gorge :

Nomme-moi mon père et ma mère !

Atterré, Mime se décide alors à parler, et il redit à Siegfried l'histoire lamentable de Siegmund et de Sieglinde. C'est une des plus belles pages de la partition et l'une des scènes les plus émouvantes de l'œuvre. Siegfried écoute haletant, ému, le récit du nain ; il est prêt à défaillir quand il apprend que sa mère est morte en lui donnant le jour ; il veut en savoir davantage ; le nom de son père, il le lui faut aussi. Mais le nain ne peut le lui dire ; tout ce qu'il sait, c'est que son père est mort aussi, en brave, les armes à la main. Et comme Siegfried hésite à croire, qu'il veut une preuve, Mime, finalement, lui montre les tronçons de l'épée de Siegmund.

Il faut voir à la scène et entendre à l'orchestre ces longues conversations entre Mime et Siegfried pour comprendre comment Wagner a su nous y intéresser et même nous émouvoir. Tout le récit de Mime est une merveille de psychologie musicale. Tandis qu'il parle de Siegmund et de Sieglinde, l'orchestre nous redit les différents thèmes

(XIII, *a*, *b*, *c*) qui, dans la *Walkyrie*, s'appliquent à ces deux personnages, et ils apparaissent ici avec des altérations douloureuses : çà et là s'y mêle le thème caractéristique de Mime (III) sous ses différentes formes ; car le nain astucieux, obligé de tout dire et d'avouer qu'il n'est que le père nourricier de Siegfried, s'efforce de ramener à lui l'affection du héros. Comme il l'a soigné ! comme il l'a dorloté tout petit ! A l'orchestre repassent des fragments de la mélodie dolente du nain (IX) et aussi ces cruelles harmonies du début (I), qui nous disent le secret espoir du Nibelung, quand enfin il se décide à montrer à Siegfried les morceaux de l'épée. Tout cela est d'un travail thématique extrêmement ingénieux ; et cependant cela semble couler de source tant c'est clair, léger, fin, précis dans l'expression des sentiments, vivant et coloré dans l'interprétation du dialogue.

La remise des tronçons de Détresse ramène naturellement le motif de l'Epée, qui se combine ici avec celui de la fanfare de Siegfried (VII). A la vue de l'arme paternelle, le héros, en effet, tressaille, le sang bout dans ses veines. « Forge-moi cette épée ; dès ce soir, qu'elle soit prête », dit-il au nain. Il n'a plus qu'une idée, courir le monde, fuir cette caverne et la tutelle qu'il y subit. Dès qu'il sera armé, il partira. « Hâte-toi, Mime, hâte-toi ! » Et le turbulent garçon s'enfuit avec des cris de joie vers la forêt. L'orchestre, sur un thème très rythmé qui se combine en une sorte de *fugato* avec celui de la fougue juvénile de Siegfried (VIII), fait à cette sortie exubérante un accompagnement plein de mouvement et d'éclat.

Voilà Mime resté seul, écoutant dans le bois la fuite de l'adolescent ; il est parti, il est loin.

Près de l'enclume, Mime s'est rassis songeur. A

quoi songe-t-il? L'orchestre nous le dit par les
thèmes qui se détachent sur le tremolo des basses.
Il pense à l'or que garde le dragon (thème IV). Il
songe aux vains efforts qu'il a faits jusque-là pour
reforger l'épée (thème I combiné avec le thème III).
Il doute, il hésite. Comment reforgera-t-il le glaive
envié?

Il va l'apprendre.

A l'issue du bois, sur le seuil de la forge, vient
de paraître, le chapeau rabattu sur le visage, drapé
dans son manteau bleu, un personnage de haute
stature, sombre et mystérieux. C'est le Voyageur
éternel dont les hommes ne savent pas le nom,
celui qui entre, dit une parole et sort. Pour nous, il
est Wotan, inquiet de la destinée de sa race, dont
est indirectement Siegfried; pour Mime, il est un
étranger qui passe. De majestueux accords, longuement soutenus par les cuivres (thème XIV),
accompagnent son entrée et, pendant tout le dialogue qui suit, nous rappellent quelle est la majesté
du personnage.

Ce dialogue, ainsi que je l'ai dit dans un chapitre
précédent, est presque textuellement emprunté aux
Eddas. Les interlocuteurs, le Voyageur et le nain,
se posent l'un à l'autre des questions qu'il s'agit de
résoudre sous peine, pour le perdant, d'y laisser
sa tête. Ce genre de gageure devait être très fré-
quent dans l'antique Scandinavie, car les Eddas
sont remplis de chants dialogués dont un enjeu
plus ou moins important est le prétexte.

Mime et Wotan se questionnent réciproquement
sur l'origine du monde, sur les habitants des cieux,
de la terre et de l'onde. On a beaucoup reproché
à Wagner ce cours d'ethnographie mythique qui
fait, dit-on, longueur.

Il est certain qu'à un point de vue étroit, il est

peu scénique et qu'il interrompt l'action dans un certain sens; il a le grand tort, aux yeux des spectateurs curieux de mouvement et amis de la concision au théâtre, de leur rappeler ce qu'ils savent déjà depuis l'*Or du Rhin* et la *Walkyrie*, l'histoire des géants, des dieux et des nains, le rapt de l'or, le meurtre de Fasolt et la métamorphose de Fafner en dragon. Le dialogue entre Wotan et Mime roule, en effet, tout entier sur ces aventures connues.

Ce serait cependant une erreur de croire que Wagner n'a vu là qu'un prétexte ingénieux à un développemeut musical qui devait lui permettre de ramener quelques-uns des plus beaux thèmes des partitions précédentes. Il y a, en effet, des merveilles dans ce long récit, où repassent, incomparablement variés et combinés, le thème énergique de la Volonté de Wotan, le rythme saccadé du thème des Nibelungen, les quartes caractéristiques de la lourde démarche des géants, le thème du Trésor du Nibelheim, celui de Fafner, ceux de l'Or, du Walhalla, de la Détresse des dieux, pour ne citer que les plus importants.

Wagner avait une raison meilleure de rappeler tout cela; il avait à établir la portée des faits, en eux-mêmes très simples, qui se passent dans *Siegfried* et à montrer ainsi combien sont décisifs les actes qui remplissent la suite de son drame. Il en est de cette scène comme du long récit de Wotan à Brunnhilde et de la querelle de Fricka et de Wotan dans la *Walkyrie*. Elle fait longueur quand on ne veut pas se hausser au niveau où s'est placé le poète compositeur et comprendre que ces dissertations, un peu abstraites, évidemment plus épiques que dramatiques, sont là pour maintenir le rapport des principaux incidents du drame à la synthèse générale du poème.

Considérée en elle-même et séparément, la scène du Voyageur a toujours été regardée, au point de vue musical, comme une des plus hautes et des plus grandioses de toute l'œuvre. Comment admettre qu'une chose admirable en soi cesse de l'être parce qu'elle fatigue quelques auditeurs? C'est là une impression toute subjective, qui ne peut compter au point de vue esthétique. Ce qui est grand et beau reste grand et beau toujours; et c'est une faiblesse de notre entendement, si cette beauté et cette grandeur ne se manifestent pas à nous pareillement en tout temps. Des jugements hâtifs, énoncés au sortir d'une représentation théâtrale où tant d'éléments secondaires influent sur les sensations reçues, l'histoire de l'art n'a du reste pas à tenir compte. Voyons les choses en elles-mêmes. Que d'erreurs la critique éviterait, si elle se plaçait toujours au point de vue de l'auteur !

Cette scène des questions est habilement rattachée à l'histoire de Siegfried par les interrogations relatives à l'épée *Détresse*. Wotan interroge le nain sur l'histoire des Velsungs; Mime répond correctement; il sait l'histoire de Siegmund, de Sieglinde, il sait même le sort attaché à l'épée; mais ce qu'il ne sait pas, c'est ce que Wotan lui apprend à la fin : « Celui-là seul forgera l'épée qui n'a jamais connu la peur ». Les thèmes de l'Epée et de Siegfried passent à l'orchestre.

Au même moment, le Voyageur disparaît en jetant au Nibelung cette suprême menace :

> Pour ta tête, où s'unit la ruse à la sagesse,
> Je l'abandonne à celui dont le cœur
> N'a jamais connu la terreur !

Mime, atterré, veut arrêter le Voyageur, mais celui-ci a déjà disparu dans les profondeurs de la forêt ensoleillée. Mime regarde fixement devant lui; un tremblement convulsif le saisit. L'œil de Wotan, c'est-à-dire le soleil, l'éblouit. Il tremble de tout son être; l'éclat de l'astre resplendissant dans la forêt l'affolle; l'hallucination lui fait voir le dragon Fafner rampant vers lui. Oh! terreur. Où fuir le monstre, où éviter la lumière? Il court éperdu dans la caverne, jusqu'à ce qu'épuisé il s'affaisse derrière son enclume.

Cette scène extraordinaire et d'un relief surprenant se développe tout entière, musicalement, sur le thème bien connu du Feu, — le feu étant synonyme de lumière, — combiné avec les tierces du thème des Convoitises (II) traité par diminution et incessamment varié, tandis qu'à la basse gronde le dessin chromatique du Dragon (VI). Cela fait un tableau musical étrange mais saisissant. Tout l'orchestre crépite; c'est un sifflement aigu de flûtes et de violons sur des hululements de cuivres et des ronflements de tubas, enchevêtrant leurs sonorités en d'épouvantables dissonances, en des traits chromatiques d'une tonalité insaisissable. Toutes les règles de l'harmonie sont violentées, mais l'effet est puissant et rend merveilleusement le trouble et l'agitation de Mime pris d'une terreur folle.

Quand Siegfried rentre de la forêt, annoncé par le joyeux thème qui accompagnait tout à l'heure sa sortie, il trouve le nain se pelotonnant derrière l'enclume. Avec une impatience que souligne l'orchestre (thème VIII), il demande si l'épée est forgée. « Forgée? répond le nain poltron; celui-là seul la pourra reconstituer qui ne connaît pas la peur ». Siegfried ne comprend pas; la peur, il ne sait pas ce que c'est. Mime tremble et se réjouit tout ensemble à l'idée que le gamin sera celui qui reforgera l'épée. Et pour s'en assurer, il cherche à le faire frémir en lui parlant de sa mère, des bruits confus et mystérieux de la forêt pendant les nuits noires, ce qui donne lieu à un développement charmant, qui renouvelle, sous une forme plus légère, avec de très intéressantes variantes, la symphonie qui accompagnait tout à l'heure l'hallucination de Mime. Comme Siegfried ne tremble pas, l'orchestre, en jouant le thème bien connu du Sommeil de Brunnhilde, nous suggère que c'est devant la Walkyrie seule que le héros connaîtra ce sentiment qui lui a été jusqu'ici étranger.

Mime ni lui ne pensent à la vierge armée; pour le nain, c'est de Fafner qu'il s'agit, de Fafner et de son trésor. Il fait au jeune homme une peinture du monstre pleine d'horreur. Siegfried sourit, et, lassé, à la fin, de tout ce verbiage, réclame de nouveau l'épée. La scène tout entière est un charme pour l'oreille. L'orchestre s'assouplit au dialogue avec une justesse d'expression et une souplesse d'allure qui tient du prodige. Il louche et boite avec Mime, il est d'allure vive et joyeuse avec Siegfried; tantôt il est sombre, tantôt il s'éclaire; il gémit et il rit tour à tour, changeant de couleur et de ton de mesure en mesure, bien que l'instrumentation soit extrêmement simple : depuis la rentrée de Siegfried, le quatuor des cordes domine presque sans interruption avec les instruments en bois, soutenus çà et là par les cors.

Tout à coup, la symphonie anime et grandit ses sonorités. Siegfried a jeté pêle-mêle les outils de l'incapable Nibelung; il forgera lui-même. Et le foyer s'allume sur la scène et à l'orchestre. Du premier dessin (1re mesure) de la fanfare de Siegfried (VII), Wagner a fait un thème nouveau, qui bondit nerveux et énergique à travers toutes les

couches de l'orchestre. Sous l'effort du puissant
forgeron, le soufflet monte et s'abaisse, et Siegfried
chante (thème XV) :

> Haho ! hahé !
> Détresse ! Détresse ! ô glaive en débris !
> Renais plus fort de la poudre où tu gis.

Le feu crépite, éclairant toute la caverne de ses
rouges lueurs ; le fer chaud fait bouillonner l'eau
qui fume.

Bien ! bien ! se dit Mime :

> Lorsque, fatigué du carnage,
> Il voudra se désaltérer,
> Je lui tendrai certain breuvage
> Que je vais préparer.

« Fafner tué, Siegfried endormi, je posséderai l'or
volé aux filles du Rhin, j'aurai le heaume magique
qui permet de prendre toutes les formes, et j'aurai
l'anneau tout puissant ». Cet épisode nous amène
un thème nouveau (XVI), qui tantôt s'égaie, tantôt
s'assombrit, selon qu'il s'applique aux espérances
de Mime ou à Siegfried. On pourrait l'appeler le
thème de la *Victoire*. Il se combine naturellement
aussi avec les thèmes de l'Anneau et du Casque
enchanté.

Siegfried forge toujours ; il rythme maintenant sa
chanson à grands coups de marteau :

> Haho ! hahé !
> Frappe, marteau, sans relâche et sans trève.
> L'acier frémit et bondit sous tes coups.

C'est au moyen d'une ingénieuse variation du
thème de la Fougue juvénile de Siegfried (VIII), qui
se développe ensuite, librement combiné avec le
thème de la Victoire (XVI), que Wagner accom-

pagne ce deuxième couplet de Siegfried, une des plus admirables inspirations de son auteur. Il y a, dans la musique et au théâtre, peu de choses aussi puissantes que ces chants de la forge, où éclate toute la joie d'une enfance guerrière éperdue de voir naître sous ses mains l'arme qui la mènera à la conquête du monde. Quand le héros brandit enfin l'épée reforgée et que, dans l'ivresse de son triomphe, il chante : *Détresse! Détresse, glaive fier et fort!* sur le thème hardi et franc du glaive (XV) considérablement élargi, là musique s'élève au ton épique, l'éclat de l'orchestre est incomparable, et cela est si grand et si fort qu'on ne sait à quoi comparer cette page exceptionnelle. Wagner ne se trompait pas sur la valeur de son œuvre en écrivant à Liszt en 1857 que « ces chants de la forge lui apprendraient du nouveau ».

L'acte se termine sur cette parole hardie :

Eh! Mime, paresseux! vois si ma lame est bonne.

Elle est si bonne que, d'un seul coup, comme dans le conte populaire, elle fend l'enclume du forgeron.

L'acte tout entier, musicalement et poétiquement, est un chef-d'œuvre. Wagner en a su caractériser avec un relief puissant les deux figures essentielles. La joie de vivre, l'exubérance juvénile, la gaîté, parfois cruelle, du héros adolescent s'opposent à la pénible et cauteleuse malice du Nibelung, en des traits d'un contour aussi délicat que décidé. Dans le contraste de ces deux personnages, il y a comme un avant-goût du Beckmesser et du Walther des *Maîtres Chanteurs*, types également parfaits et d'un caractère extraordinairement accusé chacun en leur genre, bien qu'ils aient moins d'accent que Mime et Siegfried. Musi-

7.

calement, il y a, du reste, entre eux de nombreux points de contact ; par exemple, dans l'expression de l'ironie et, plus encore, dans les parties lyriques du rôle de Siegfried. Wagner est allé très loin dans la peinture des vivacités prime-sautières de son héros. Quand il raille ou rabroue son père nourricier, Siegfried a le verbe mordant, incisif, parfois dur, brutal même ; mais aussitôt qu'il rentre en lui-même, qu'il songe à sa mère, à son père, à sa triste condition d'être abandonné aux soins d'un vilain gnome, son âme s'épanouit en des tendresses d'enfant qui rêve de caresses et d'affections qu'il n'a jamais connues. Cette face du personnage, Wagner l'a rendue avec une souplesse d'accent, une chaleur de tons, un charme d'idées, une délicatesse de flexions qui sont de la poésie la plus intense et de l'art le plus accompli. La figure est ainsi bien complète, remarquable par sa variété d'allures, bien naturelle, très vivante, d'un dessin merveilleusement étudié et soutenu.

Le deuxième acte complétera le portrait du héros en nous montrant en lui la passion plus éveillée et son héroïsme tranquille et sûr plus saillant que dans la scène de la Forge.

Ce deuxième acte est, en quelque sorte, en deux parties ; l'une très dramatique, très sombre et véhémente ; l'autre tout ensoleillée et parfumée de brises printanières.

L'introduction, très courte, — elle ne comprend pas cent mesures, — nous transporte immédiatement dans l'atmosphère de la noire caverne, de *Haine-Antre*, où dort Fafner, le dragon. Dès les premières notes, nous nous retrouvons en présence du thème altéré des Géants (XVII). Au lieu de la quarte naturelle du thème primitif, nous avons ici, par l'altération du *sol*, bémolisé, une quarte aug-

mentée (*sol* bémol-*do*), qui transforme la physio-
nomie du motif : il ne va plus de la dominante à la
tonique; l'intervalle donne la dissonance d'un accord
de triton, qui, longtemps maintenue, imprime à
tout ce début un caractère extrêmement amer,
déplaisant, lugubre. Un jeune maître français, déjà
célèbre, a donné de cette modification du thème
une explication piquante : Wagner, en baissant le
sol d'un demi-ton, aurait voulu indiquer qu'en
se métamorphosant en dragon, Fafner était des-
cendu d'un degré dans l'échelle des êtres. Je ne
sais si cette exégèse émane de Wagner lui-même;
ce n'est qu'un jeu d'esprit, évidemment, et cela peut
faire sourire. Mais il est bon d'observer qu'elle
n'est nullement contradictoire aux idées très parti-
culières du maître de Bayreuth sur les facultés
expressives de la musique.

Avec ce thème du Dragon Fafner, se combinent
successivement le thème de l'Anneau (IV), celui de
la Malédiction d'Alberich (XVIII), et enfin l'étrange
dessin en tierces mineures syncopées qui caractérise les sourdes hostilités du roi des Nibelungen
contre les dieux vainqueurs, se mêlant au thème
des Convoitises (II).

Cela fait un tableau symphonique tout en
ténèbres, comme le décor qui s'offre tout d'abord
à notre vue au lever du rideau. C'est la forêt profonde, aux abords de l'antre de Fafner. A droite,
auprès d'une source, est un grand tilleul; puis un
monticule formé de quartiers de rocs où serpente
un sentier; dans le fond, en contre-bas de cet
exhaussement de terrain, sous la feuillée épaisse,
l'ouverture de la caverne. On ne distingue d'abord
rien. Il fait nuit noire. La voix d'Alberich seule
parvient jusqu'à nous.

Alberich veille près de l'antre, attendant la venue

de l'adolescent que son frère a élevé et dont il sait les destins. Une lueur bleuâtre s'indique au loin dans la forêt en même temps qu'un vent d'orage s'élève. L'orchestre marque le rythme de la Chevauchée. Bientôt la haute stature du Voyageur se dessine, aux rayons de la lune, en face du Nibelung.

Un dialogue très étrange s'engage entre les deux adversaires d'hier. « Que viens-tu faire ici? » s'écrie Alberich. « Je te reconnais, Wotan. Pour le salut des dieux, tes fils doivent reconquérir l'Anneau pour le rendre aux Filles du Rhin, et tu viens les soutenir. »

Mais Wotan, ironique et calme, répond au nain envieux en parlant de Siegfried :

> Qu'il triomphe ou succombe, il agit librement,
>> Car, libre seulement,
>> Il me peut être utile.

Cette idée est belle (1).

Siegfried, en effet, ignore les vertus de l'anneau et du trésor gardés par le dragon. Il viendra en héros désintéressé ; sans qu'il s'en doute, il accomplit les destins. N'est-ce pas ainsi que, dans la nature et dans l'histoire, des forces insoupçonnées et inconscientes se révèlent tout à coup, déterminant un ordre de choses nouveau ou rétablissant l'harmonie détruite?

---

(1) Ce passage est à rapprocher du grand récit de Wotan à Brunnhilde au deuxième acte de la *Walkyrie* : « Un seul pourrait accomplir l'œuvre qui m'est interdite, c'est-à-dire conjurer le péril des dieux :

> Un homme libre, affranchi de mon aide,
> Qui, sans mon assistance, exempt de ma faveur,
> Dans son propre péril, par sa seule valeur,
> Ferait ce que je n'ose faire.

Les mêmes phrases musicales se retrouvent également dans les deux scènes.

Alberich, rassuré quant à Siegfried, laisse libre cours à son envie contre son frère Mime. Wotan, toujours supérieur à son ennemi vaincu, s'offre même à prévenir Fafner. Il l'appelle. Fafner, du fond de son antre, répond :

Je possède et je dors, ne troublez pas mon somme.

C'est une autre inconscience, force acquise, puissance assise qui se confie et se confine en elle-même. Quel joli conte philosophique et combien profond et vrai, dans cette courte scène !

Wotan renvoie Alberich à se pourvoir auprès de Siegfried :

Ton frère va venir ; je te laisse avec lui,
Connaissant à fond tout son être,
Tu seras plus adroit, peut-être ;
Avec l'autre, qui vient, fais connaissance aussi !

Et il s'enfonce dans la forêt, laissant Alberich indécis et inquiet.

L'aube commence à filtrer à travers les ramures. Voici Mime conduisant Siegfried. Alberich s'est dissimulé au plus profond des fourrés.

En même temps que la scène, la symphonie se transforme. Aux rythmes saccadés et véhéments, aux sombres harmonies des thèmes sans cesse répétés de l'introduction, accouplés à une série de thèmes propres à Wotan et aux dieux, succèdent, dans les cors et les cordes, des fragments des thèmes propres à Siegfried et à Mime. Détail ingénieux : au moment même où le héros s'arrête, passe le thème du Sommeil de Brunnhilde, comme pour indiquer que ce n'est pas ici qu'il apprendra la peur. Mais voici Mime qui, minutieusement, met le hardi compagnon au courant des habitudes du

monstre dont l'antre est là tout près. A midi,
Fafner viendra boire; c'est ici, près de la source,
qu'il faudra l'attendre. Une question d'une naïveté
et d'un caractère charmants répond à ces explica-
tions : « Fafner a-t-il un cœur? » demande simplement Siegfried. Le mot pourrait être cornélien.
« Fafner a-t-il un cœur? » c'est tout ce qu'il suffit
à Siegfried de savoir; c'est là qu'il frappera. Les
dangers, les obstacles, que lui importe; le but,
voilà l'essentiel. Pareille décision est caractéristique, et c'est un trait de grand poète de l'avoir
fait sonner avec force et concision, à sa place.

Musicalement, le dialogue n'offre rien de saillant; il est traité presque constamment en manière
de récitatif avec, çà et là, d'ingénieux rappels et
accouplements de thèmes connus s'appliquant aux
personnages ou aux sentiments évoqués. A la fin,
Siegfried, lassé des conseils du nain, chasse
l'inutile et astucieux bavard. Il s'étend au pied
du tilleul. Alors, commence l'enchantement. Des
bruissements doux s'élèvent de l'orchestre; le
susurrement des branchages enveloppe l'adolescent; sous la feuillée, s'éveillent des brises chan-
tantes. Le charme pousse à la rêverie. Et Siegfried
pense à cette mère morte pour lui :

> Toute femme en donnant la vie,
> Pour son enfant, doit-elle donc périr?
> Penser plein de mélancolie!
> Que ne puis je te voir, ô ma mère chéric!

N'est-elle pas charmante, cette tendresse et cette
tristesse du héros esseulé? L'orchestre chante à
ravir la douce mélopée (XI) de ses désirs d'enfant
et la triste phrase d'amour de Siegmund et
Sieglinde (XIII C).

Avec les clartés croissantes que le soleil répand

dans la forêt profonde, le gazouillis des oiseaux
s'est mêlé plus bruyamment aux murmures de la
ramée. Siegfried écoute maintenant; il écoute
l'Oiseau qui babille dans les branches suspendues
au-dessus de sa tète, et il voudrait répondre à
ce gentil chanteur.

C'est la chose la plus osée qui jamais ait été mise
au théâtre. Mais la magie de la musique rend cette
scène possible. On peut dire d'elle ce que La Fontaine disait des vers :

> Le mensonge et les vers de tout temps sont amis.

Ce dialogue imaginaire entre l'adolescent et
la voix de l'arbre est un délice. Il se développe
tout entier sur des thèmes incessamment variés;
celui du Murmure de la forêt rendu par de simples
battements d'instruments à cordes, et celui proprement dit de l'Oiseau, qui se compose de plusieurs
dessins et membres de phrases (XIX) se repro-
duisant irrégulièrement et de façons diverses, mais
invariablement semblables à eux-mêmes. Avec ces
éléments si simples, Wagner a composé les trois
quarts de son deuxième acte. C'est, en effet,
sur eux presque exclusivement que celui-ci se
développe, sauf les courtes scènes du combat
avec le dragon et de la mort de Mime. L'art
avec lequel ils sont employés et incessamment
variés dans leurs combinaisons réciproques est
si délicat qu'il faut, à plusieurs reprises, revenir
à la partition pour se bien rendre compte
des trésors d'ingéniosité dépensés en ces pages
légères et gracieuses, d'un charme si séduisant. A
l'audition, on est si complètement ravi qu'on ne
songe pas un instant à analyser ses sensations. On
est tout étonné, quand on y songe ensuite, qu'une
si simple idée ait pu si vivement vous saisir.

Siegfried cependant, se souvenant qu'on lui a conté que l'homme pouvait comprendre la pensée et le langage des oiseaux, s'essaye à engager la conversation avec le chanteur de l'arbre en imitant son ramage sur un flûteau. Avec l'épée, il coupe et taille un roseau. L'instrument chante faux. Siegfried alors, plein de dépit, empoigne son cor, et, pour imiter la chanson dans les branches, il entonne sa fanfare, ce chant de force et de jeunesse qui, depuis le début de l'ouvrage, nous était connu (thème VII) et qui prend seulement ici son allure héroïque et son véritable caractère de fanfare, lancé par le cor, sans aucun accompagnement, en une longue sonnerie, éclatante à réveiller les échos des bois.

Wagner, qui possède si complètement l'art de varier les couleurs orchestrales, s'est servi, une autre fois, d'un artifice analogue; dans *Tristan*, il fait chanter comme ici, par un seul cor anglais et sans aucun accompagnement, la triste mélopée du pâtre. Par l'effet du contraste, le thème ainsi traité en solo acquiert une plasticité étonnante qui décuple son intensité expressive. Cet artifice n'est pas une nouveauté dans la musique : Berlioz, Rossini, Meyerbeer et bien d'autres s'en sont servis avant Wagner. Toutefois, il n'est pas sans intérêt de constater avec quel à-propos et quelle originalité l'applique le maître de Bayreuth. Il a su en tirer non seulement un effet musical charmant, mais encore un effet scénique et dramatique très saisissant. Cette sonnerie est un acte; et elle est aussi une sorte de prélude à la scène du dragon, où elle ne cessera de retentir et de jeter ses notes vibrantes comme l'éclair de l'acier.

Siegfried s'est arrêté croyant que l'Oiseau va lui répondre; c'est le bâillement du hideux dra-

gon qui se fait entendre. Ah! le joli camarade et
l'aimable compagnon! Le héros s'en amuse. La
bête a beau souffler flammes et venin fétide, Siegfried ne se sent pas ému. Et quand, s'avançant,
le dragon a voulu se jeter sur lui, il a bien vite fait
de le frapper au bon endroit.

Je n'insiste pas à cette place sur cette féerie ;
j'ai dit, dans le précédent chapitre, comment
Wagner entendait qu'on la réglât. Même quand
l'insuffisance de la mise en scène énerve la verdeur
piquante du dialogue et le tragique de la lutte,
la suprême lamentation du géant qui se sent
mourir n'en garde pas moins sa lugubre grandeur.
Wagner use, en ce moment, tantôt d'une combinaison du thème des Géants (avec la quarte
augmentée) et des tierces mineures syncopées du
thème de la Haine des Nibelungen confiées alternativement aux cordes et aux clarinettes ; tantôt d'une
combinaison du thème des Géants avec le thème
de l'Or ou avec le thème de la Malédiction d'Alberich. Cela fait une page extrêmement sombre et
d'un poignant accent de tristesse.

Dès que Fafner s'est affaissé, Siegfried retire de
la blessure le glaive qui y était resté planté, et il
porte involontairement à la bouche sa main que
vient de brûler le sang du monstre dont la lame est
rougie. Aussitôt, ô merveille, il comprend le langage de l'Oiseau. Ce qui n'était tout à l'heure qu'un
chant est maintenant une parole. Tio! tio! lui dit
la voix aérienne,

> Siegfried est maître à présent du trésor.
> Tio! l'antre de Fafner regorge d'or.

Wagner a eu ici une idée simple et géniale : ce
que chante l'Oiseau, représenté maintenant par
une voix humaine, est identiquement ce que

8

le hautbois ou la flûte avaient exécuté tout à l'heure. Non seulement, c'est un effet délicieux d'entendre un soprano aigu (1) reprendre ce thème que les instruments seuls avaient exprimé jusqu'alors; mais il y a là une autre idée bien jolie et délicate. Ainsi que l'a fait observer M. Charles Tardieu, cette voix de l'Oiseau qui parle à trois reprises pour donner au héros trois indications bien différentes de caractère, redit trois fois le même motif élémentaire, instinctif, immuable. Combien ce chant qui revient toujours est plus poétique, parce qu'il est plus vrai que les rossignolades arbitraires et capricieuses de tant d'autres compositeurs. Avez-vous jamais entendu un oiseau qui modifiât son chant? Il n'en connaît qu'un, une phrase le plus souvent, plus ou moins courte, plus ou moins roucoulante, mais fatalement invariable, impérieuse, souveraine, incapable d'amendement. Ainsi parle à Siegfried l'oiseau de la forêt (2).

Tandis que Siegfried averti a pénétré dans la caverne pour y prendre l'Anneau magique et le casque enchanté, les frères ennemis du Nibelheim, Alberich et Mime, poussés tous les deux par la même passion de l'or, ont reparu. Ils étaient aux aguets pendant le combat; ils devaient se retrouver au moment du partage du butin. Les haines se rencontrent et leur choc est inévitable, comme celui des sympathies. Auquel des deux appartiendra le trésor que ne garde plus Fafner?

---

(1) La partition indique une voix d'enfant. Mais à Bayreuth, en 1876, comme partout depuis, c'est à une voix de femme que l'on confie la partie de l'Oiseau.

(2) Conférence sur *Siegfried* faite au Cercle artistique et littéraire de Bruxelles, le 20 décembre 1890, à l'occasion de la première représentation de *Siegfried* au théâtre de la Monnaie.

Sera-ce à Mime ou à Alberich? Leurs convoitises sont si ardentes qu'ils ne songent même plus ni l'un ni l'autre à Siegfried.

Voici justement le héros qui sort de l'antre, chargé des dépouilles du monstre, l'anneau au doigt et le heaume à mailles suspendu à la ceinture. Alberich n'a que le temps de se dissimuler dans les anfractuosités des rochers. Une symphonie délicieuse accompagne l'approche de Siegfried : le thème tout entier de la plainte des filles du Rhin (XX). Sonné *pianissimo* et *molto dolce,* très doucement, par six cors, il semble envelopper les trois personnages en scène de la magie de ses harmonies pénétrantes, comme l'or enveloppe de son éclat tous ceux qui s'en approchent. L'idée est charmante, l'effet délicieux, d'autant qu'il s'y mêle une pensée tragique, celle du défi jeté par Alberich au possesseur envié du trésor :

> Et pourtant il faudra qu'il revienne à son maître.

Siegfried, au fond, est assez embarrassé des dépouilles qu'il emporte. Qu'en faire? L'Oiseau qui, dans le murmure continu des feuillages, assiste impassible à cette tragédie des haines et des astuces vaincues par la pureté d'âme, l'avertit des embûches du nain Mime. Ce dernier s'est approché, en effet, et, comme dans le chant de l'Edda cité au chapitre précédent, il se fait humble et obséquieux, pour mieux gagner la confiance de Siegfried, à qui il s'agit de faire absorber le poison préparé.

Mais il se passe ceci d'étrange que, pendant que Mime le flatte, Siegfried entend sa pensée véritable. Le sang du dragon, qui lui a fait comprendre le langage des oiseaux, lui fait aussi comprendre les pensées intimes des traîtres. L'artifice est ingénieux, mais difficile à rendre à la scène. Ce nain, qui affecte des paroles doucereuses et des attitudes câlines, énonce en réalité des projets odieux. Son geste correspond à ce qu'il veut ou croit dire, sa parole à ce qu'il pense intérieurement.

L'effet du contraste est comique; la tentative assurément nouvelle et osée. Je ne crois pas qu'il y ait dans aucun théâtre une scène se rapprochant de celle-ci. Pour réaliser son idée, Wagner avait, il est vrai, l'orchestre, et l'orchestre est le dénonciateur incorruptible. Selon un joli mot de Catulle Mendès (1), il dit la vérité, lorsque Mime dissimule, et il ment à son tour, lorsque Mime cesse de dissimuler. Ainsi les ruses du vieux nain sont révélées à Siegfried, qui lui tranche finalement la tête d'un seul coup de la terrible épée.

Au moment où Mime tombe, du fond des rochers où il se cache on entend la voix d'Alberich qui ricane. Et ce ricanement de joie mauvaise et de haine est la reproduction exacte du thème des Nibelungen (III). C'est un effet étrange et cruel. Ce rire sonne comme une menace à Siegfried, que l'envie d'Alberich poursuivra au-delà du tombeau. Aussi, tandis que le héros pousse dans l'antre du dragon le cadavre de Mime, le thème fatidique de la Malédiction (XVIII), résonne-t-il plusieurs fois d'une façon significative.

Cependant Siegfried, absorbé dans sa rêverie est revenu lentement vers le tilleul. Le thème si joyeux et si rythmé qui accompagnait tout à l'heure sa course est maintenant alourdi et brisé. Que les ardeurs du soleil, haut dans le ciel, lui pèsent! Qu'il se sent pauvre et délaissé! Il n'a ni père, ni mère,

(1) *Richard Wagner*, par Catulle Mendès. *L'Anneau du Nibelung.*

ni sœur, ni frère. Son seul compagnon fut ce nain odieux, qu'il a dû frapper. De nouveau, il s'adresse au petit oiseau :

Chanteur au doux ramage,
On nous troubla mal à propos,
Et je voudrais t'entendre encor.....
Parle, ne me connais-tu pas d'amis ?

« Hei ! répond le gentil oiselet, Siegfried a tué le dragon et le nain. Pour lui, je sais la perle des femmes. Elle dort entourée d'un cercle de feu. Celui-là seul qui ne connaît pas la peur éveillera Brunnhilde, et elle sera à lui ! » Siegfried s'émerveille :

O chant suave, ô fraîche mélodie !
Quel feu brûlant me pénètre le cœur !
O parle, parle, voix amie !...
Vole devant, et Siegfried te suivra.

Et l'Oiseau, battant des ailes, s'échappe devant le héros, qui le suit éperdu.

Cette exquise fantaisie est le charme de tout l'ouvrage. Il n'y a rien dans la musique, ni au théâtre qui puisse être comparé à ce tableau adorable de naïveté et de grâce. La fraîche mélodie de l'Oiseau, toujours semblable, se répète incessamment, mais Wagner la renouvelle avec tant d'art en l'enchâssant dans de si fines harmonies, dans de si jolies modulations qu'on ne s'avise de l'immobilité mélodique du thème qu'en y regardant de plus près. L'intérêt est, du reste, ravivé par les épisodes qui viennent se jeter en travers de la rêverie de Siegfried : le combat du dragon, la querelle des deux nains et, enfin, le meurtre de Mime. La véhémence de ces diverses scènes et la couleur sombre de leur développement symphonique font un contraste violent avec la douceur des pages

8.

consacrées aux murmures de la forêt. Ainsi s'accentue encore la tristesse des réflexions du héros et s'explique l'ardeur avec laquelle il s'élance, à la suite de l'Oiseau, vers la roche où sommeille la Walkyrie.

C'est à elle que nous conduit le troisième acte.

Cet acte débute par un morceau symphonique très court, mais d'un éclat et d'une force admirables en sa véhémence sombre. Tandis que le héros Siegfried est censé chevaucher vers la roche cerclée de flammes, Wagner nous montre le Voyageur, c'est-à-dire Wotan, accourant au pied de cette même roche, car le dieu n'ignore pas que si le héros libre et sans peur traverse le feu, la fin des dieux est proche. Ainsi l'ont voulu les Destins, ainsi le désire le dieu lui-même dans sa souveraine sagesse. Et pour mettre fin à l'angoisse qui le torture, il vient ici consulter Erda, la Prophétesse, la Mère primitive, la Sagesse universelle, la Voyante, la Femme éternelle, ainsi que l'appelle et la qualifie Wagner, dans la scène d'évocation, afin de bien définir son rôle.

Voilà pourquoi cet acte débute si grandement par une page symphonique qui donne la sensation du surhumain.

Cette introduction est tout entière bâtie sur des thèmes connus, merveilleusement accouplés et combinés : d'abord, dans les basses, le thème primitif par lequel débute l'*Or du Rhin*. Seulement il est ici dans le mode *mineur*, comme il nous était déjà apparu dans la première évocation d'Erda. C'est tout uniment la décomposition d'un accord parfait mineur, auquel Wagner attache la portée d'une mélodie originelle, d'un motif de la Nature. Il s'applique ainsi également aux Filles du Rhin et à Erda, symbole d'un principe premier, des forces mystérieuses de la nature, des lois éternelles du monde.

A ce thème est superposé le rythme bondissant qui accompagne la Chevauchée des Walkyries. Ensuite paraissent les thèmes de la Détresse des dieux, de la Volonté souveraine, auquel se superpose celui de la supplication de Brunnhilde ; le thème des Nornes, analogue à celui du Rhin ; enfin les harmonies si simples et si poignantes du thème de la Fin des dieux, simple interversion du thème des Forces premières. Çà et là, on reconnaît aussi les harmonies caractéristiques du Voyageur. Cet ensemble où surgissent à la fin de fulgurants appels de trompette, tirés des thèmes de l'Epée de Siegfried, forme une page extraordinairement serrée, condensée et d'une puissance d'expression peu commune. On est transporté d'une envolée vers les sommets.

Au moment où le rideau se lève, laissant voir une gorge sauvage au pied du rocher de Brunnhilde, les harmonies du Destin, combinées avec l'étrange succession harmonique qui caractérise le Sommeil magique (d'un effet si saisissant dans la *Walkyrie*), préparent la véhémente apostrophe de Wotan :

> Viens, Prophétesse ! Eveille-toi.
> Du long sommeil, je t'arrache, ô dormeuse.

Erda semble sortir de terre. Elle paraît recouverte de givre, car c'est ainsi que l'imagination scandinave se représentait la Norne songeuse ; et ce givre, vaguement éclairé d'une lueur bleuâtre, lui fait une sorte d'auréole. Longuement s'étirent à l'orchestre les mystérieuses harmonies du Sommeil, tandis que la voix du dieu contraint la Voyante à parler :

> Pour que ta science m'éclaire,
> Femme, je suis venu te voir !

Mais la Prophétesse, dont la pensée était jadis l'éternel savoir, ne voit plus l'avenir. Wotan lui-même a obscurci sa sagesse :

Autrefois, tu troublas mon esprit clairvoyant ;
La fille de ton vœu naquit de notre ivresse.

Brunnhilde, en effet, est la fille de Wotan et d'Erda. C'est à la Walkyrie que la Prophétesse renvoie le Voyageur. Wotan l'instruit alors de la destinée de Brunnhilde. Nouvelle occasion pour le musicien de rappeler quelques-uns des plus beaux thèmes de la *Walkyrie,* qui repassent en une magnifique synthèse. En vain, le dieu presse la Voyante de lui dévoiler le secret des Destins. L'ordre du monde n'a-t-il pas été troublé par Wotan lui-même; et n'est-ce pas lui aussi, protecteur du serment et du droit qui le premier a blessé la justice et s'est montré parjure ?

Pour te sauver, la Prophétesse
Ne peut troubler les éternelles lois.

Ainsi s'évanouit le dernier espoir du dieu. Wotan se résigne.

La fin des dieux est proche,
Car elle est mon désir.....
J'ai voué le monde au néant.
Au Velse triomphant,
J'en lègue à présent l'héritage.
L'enfant que j'ai de toi (*Brunnhilde*)
Va s'éveiller sous sa lèvre amoureuse,
Pour que l'amour sacré de ce couple ingénu
Rachète le monde perdu...
Arrière, mère de l'angoisse éternelle
Et du souci cruel.
Va-t'en dormir ton sommeil éternel.

Erda, dont le géste lent s'est figé, dont les pau-

pières se sont déjà fermées, s'abîme lentement et
disparaît.

Et voici que Siegfried survient. Wotan veut
l'arrêter. Inutile résistance. Qui donc l'arrêterait,
le héros vainqueur du dragon, qui a reforgé l'épée
et qui, bondissant à la suite de l'Oiseau, est en
quête maintenant de la roche enflammée où dort la
perle des femmes ? Wotan étend sa lance ; mais,
d'un coup de son glaive, Siegfried rompt à son tour
cette arme divine contre laquelle s'était brisée
naguère l'épée de Siegmund. Un éclair a brillé
de l'arme rompue ; le tonnerre gronde. Le Voyageur disparaît en jetant à l'impétueux jeune homme
cet adieu :

Va donc ! car je ne puis retenir ta vaillance !

Ainsi le règne de Wotan a pris fin ; la puissance
qui avait abusé de sa force est détruite par les
armes qu'elle s'était forgées pour sa propre
défense. Les fils que la divinité avait engendrés
pour son salut précipitent eux-mêmes sa perte.
C'est la grande morale du drame ; et elle s'exprime,
dans cette scène grandiose de l'évocation d'Erda
et de la rencontre de Siegfried et de Wotan, en des
élans admirables dont, poétiquement et musicalement, on ne trouve l'équivalent que dans les chants
les plus élevés qu'aient inspirés au génie humain le
mystère de nos destinées et la terrible inconnue
qui est au bout de notre savoir et de nos
rêves. Il n'y a pas plus de grandeur dans les
strophes de Sophocle que dans cette évocation
d'Erda ; les sorcières de *Macbeth*, Voyantes d'une
époque plus pratique, Prophétesses de Destins
moins nébuleux, répandent autour d'elles une horreur plus saisissante, elles n'ont pas la beauté calme,
l'ampleur du geste, le caractère de noblesse que

Wagner a su donner à l'éternelle Songeuse Erda. Il est impossible de ne pas penser ici à Eschyle et à l'impression si haute de terreur sacrée qu'il est presque seul à avoir produite au théâtre.

Musicalement, cette scène est parmi les plus belles pages qui soient tombées de la plume de leur auteur, par la force expressive des thèmes et l'art extraordinaire avec lequel ils sont combinés en un tout d'une émouvante grandeur. Ces thèmes ne sont pas nouveaux; ils sont tous tirés de l'*Or du Rhin* et de la *Walkyrie,* mais avec quelle nouveauté dans leur agencement ils sont ici présentés! A ceux que nous venons de relever dans l'introduction, il faut ajouter le rappel de thèmes relatifs au Walhall, aux Velsungs, au châtiment de Brunnhilde, surtout la grande phrase qui s'applique dans la *Walkyrie* à Siegfried, comme héros futur de la délivrance (XII). Elle reparaît, avec un à-propos doublement significatif, au moment où Wotan parle du fils des Velsungs qui doit réveiller la Walkyrie en même temps qu'il délivrera le dieu de l'angoisse où il se consume. Cette page magnifique n'offre en tout qu'un seul thème nouveau : une large phrase (XXI), d'un très bel élan, qui, surgissant au moment où Wotan se résigne à disparaître pour céder la place au héros libre et ingénu, a une double signification selon qu'on la rapporte à Wotan, — elle est alors le thème de l'Abdication, — ou à Siegfried, — elle est alors synonyme de Triomphe de l'humanité, de Rénovation, de Rédemption. — Dans la suite de l'acte, c'est avec ce sens qu'elle paraît principalement.

A l'approche de Siegfried, qui ramène le thème de l'Oiseau, la grande voix de l'orchestre s'apaise, et nous voyons repasser les divers thèmes qui se rapportent au forgement de l'épée, à la lutte avec le dragon, aux murmures de la forêt. L'intérêt musical semble languir ; mais le repoussoir était indispensable, et, d'ailleurs, pour maintenir l'équilibre et l'unité de la composition, il n'était pas sans à-propos de nous ramener en arrière jusqu'aux thèmes du premier acte.

Cette scène n'est, en somme, qu'une transition. Il eût été excessif de nous mener directement de l'évocation d'Erda à la conclusion violente du débat de Wotan et de Siegfried. Fort heureusement, leur rencontre affecte, au début, une allure presque familière. Le héros ne connaît pas Wotan et, tout plein du but qu'il poursuit, il l'aborde avec une franchise dédaigneuse de toute hiérarchie. Wotan s'amuse d'abord de l'impétueuse vivacité de l'enfant. Il lui fait redire tous ses exploits, qu'il n'ignorait nullement : la reconstitution de l'épée brisée, le combat avec le dragon, la mort de Mime, les révélations de l'Oiseau.

Soit dit en passant, ce dialogue rappelle encore une fois les événements auxquels nous venons d'assister. Au point de vue scénique, il n'est pas indispensable, c'est clair ; mais on voit nettement ici que ces courtes scènes de rappel, intercalées invariablement au début de chaque acte, ne sont point une inadvertance du poète trop épris de son sujet, mais un détail voulu de la composition. N'oublions pas que chaque ouvrage fait partie d'une très vaste composition ; ces répétitions, qui peuvent paraître inutiles à première vue, sont justifiées par la nécessité de marquer en traits ineffaçables et répétés les points essentiels de l'action. En cela, Wagner n'a fait que suivre des modèles classiques entre tous : les tragiques grecs, et tout particulièrement Eschyle et Sophocle, qui, dans leurs compositions cycliques, usent d'un procédé analogue et ramassent en quelques fragments de dialogue, au début de chaque pièce et même de chaque division (acte), les événements essentiels que le spectateur vient de voir se dérouler sous ses yeux.

Une autre considération, et celle-ci est d'ordre dramatique, imposait à Wagner ces développements rétrospectifs : la nécessité d'amener le conflit entre Wotan et le fils des Velsungs. Dans la scène avec Erda, le dieu a clairement manifesté sa volonté de se soumettre sans résistance au Destin. Aussi, vient-il à Siegfried, non pour repousser ce fils de ses désirs, mais pour l'éprouver. Il y a un très beau et très grand sentiment dans cette idée de mettre ainsi la Force jeune et conquérante en présence de la Force épuisée qui renonce, le monde nouveau en face du monde ancien ; le contraste est saisissant entre la turbulence agressive de l'adolescent et la Résignation paternellement bienveillante du vieillard. Seulement le maître souverain, le dieu suprême d'hier, n'a pas encore abdiqué complètement; aussi, lorsque l'impétuosité aveugle du héros libre menace de franchir toutes les barrières, l'esprit dominateur du dieu, dans un dernier effort de volonté, reprend-il le dessus :

Arrière, enfant présomptueux !

s'écrie-t-il en dirigeant vers Siegfried la pointe de sa lance.

Arrière, toi-même, orgueilleux !

répond Siegfried, et, d'un coup de sa bonne épée, il brise en deux cette lance redoutable qui vouait à la mort ceux vers qui Wotan l'abaissait et contre laquelle s'était brisée cette même épée aux mains de Siegmund, héros moins libre que Siegfried.

Voilà le conflit qu'il fallait amener pour préparer

la catastrophe. Wotan disparaissant sans lutte, la fin des dieux n'eût pas eu la réalité plastique que lui donne cet épisode. La lance était le symbole réel du pouvoir de Wotan; le glaive est le symbole réel de l'activité nouvelle. Ceci tue cela. Les dieux coupables sont frappés. Siegfried ne conquiert entièrement sa liberté qu'en les frappant. Ainsi la justice est satisfaite. Avec le crépuscule des Ases, commence l'aube du libre héroïsme. Tel est le sens philosophique et telle la raison d'être dramatique de la scène entre Wotan et Siegfried.

Avec elle, en réalité, se termine le grand drame où tout le Walhalla a été mêlé. Un drame nouveau commence, et tout ce qui suit pourrait être considéré comme le premier acte ou le prologue de cet autre drame, si la personnalité de Brunnhilde n'établissait une continuité psychologique et la féerie du feu une liaison scénique entre l'action terminée et l'action qui s'ouvre.

Wagner établit largement la transition. Des derniers accords qui annoncent la fin des dieux, aussitôt Wotan disparu, se dégage un intermède symphonique important d'une centaine de mesures, qui, insensiblement, par une série de flexions délicates, nous conduit dans une tout autre atmosphère morale, en même temps qu'il sert à accompagner un changement à vue.

A Bayreuth, en 1876, aussitôt que la lance du dieu était tombée, la scène, complètement sombre jusqu'alors, s'illuminait au fond et était envahie rapidement par les jets de vapeur et les nuées de gaze appliquées sur fond de mailles au moyen desquelles on dissimulait les changements à vue. Les projections électriques sur la fumée donnaient au tout l'apparence de flammes énormes et mouvantes au milieu desquelles on voyait Siegfried se préci-

9

piter l'épée haute, sonnant sur son cor d'argent la
fanfare joyeuse de l'irrésistible jeunesse. A mesure
que se développait la symphonie reprenant ici, sous
une forme nouvelle, le thème du Feu (XXII) avec,
tantôt à la basse, tantôt dans les parties intermé-
diaires, la fanfare magnifiquement amplifiée et
jouée par quatre cors à l'unisson, les flammes sem-
blaient devenir plus vives, plus énormes vers les
premiers plans, si bien que rien ne s'apercevait du
changement de décors. Puis, peu à peu, le feu com-
mençait à tomber pour se résoudre insensiblement
en une fine vapeur, éclairée par des projections
roses, de manière à donner l'impression des
pâleurs de l'aube; la scène, représentant le site où
Brunnhilde s'est assoupie au dernier acte de la
Walkyrie, apparaissait enfin dégagée complètement au moment même où commence le *molto moderato* ramenant très en vue le thème du Destin et
le thème du Sommeil de Brunnhilde. Cette transition était un véritable enchantement, et indéfinis-
sable le sentiment d'angoisse, le serrement qu'on
éprouvait au moment où Siegfried, venant du fond
et gravissant les rochers au pied desquels est
endormie Brunnhilde, apparaissait à mi-corps,
puis tout entier, étonné, surpris, regardant à droite
et à gauche.

Wagner a tout osé dans cette scène unique et
grandiose qui couronne *Siegfried.* Elle débute par
un long trait des violons, sans accompagnement,
d'autant plus frappant qu'il succède à une série de
pages d'une grande véhémence d'inspiration et
d'une richesse orchestrale extraordinaire. Ce solo
instrumental, si l'on peut ainsi l'appeler, accompagne lui-même une longue scène muette, où
Siegfried, arrivé au sommet de la roche, exprime par
de simples gestes les sentiments d'étonnement et

.d'admiration qu'il éprouve (1). C'est un inoubliable tableau. L'art du décorateur, celui du comédien, le chant, la symphonie orchestrale, tous les arts unissent ici leurs magies en une synthèse d'un charme indicible et du coloris le plus intense.

Siegfried s'arrête tout d'abord émerveillé des vastes horizons que la vue embrasse des hauteurs où il est ; puis il aperçoit Grane, le cheval de la vierge guerrière, qui broute sous le pin l'herbe fleurie ; enfin ses yeux s'arrêtent sur Brunnhilde endormie dans son armure et recouverte du bouclier. Tout l'étonne ;

> Pas d'être éblouissant qui ne soit ébloui,

a dit Victor Hugo. L'adolescent qui ignore s'approche, soulève le bouclier, admire la chevelure épandue, coupe la cuirasse, regarde le sein qui s'enfle, et devant cet être inconnu, qui n'est pas un guerrier, pour la première fois il se sent au cœur un saisissement, pour la première fois il hésite et recule.

Il fallait toute l'audace du génie et sa souplesse pour porter pareille scène au théâtre. Les naïvetés du héros qui pourraient faire sourire nous touchent, au contraire, profondément par l'accent de sincérité avec lequel le poète a su les exprimer. Siegfried a un mot d'enfant bien joli au moment où l'être féminin s'est révélé à lui. Il tremble d'effroi et de joie tout ensemble, et sa première pensée est d'évoquer le souvenir de cette mère qu'il n'a pas connue : Mère, mère ! protège-moi !

Le mouvement est d'une délicatesse charmante,

---

(1) Certains dessins de cette introduction rappellent, note pour note, le thème du « Désir amoureux » des *Maîtres Chanteurs*. Voir les mesures 45 et 46 du *molto moderato*. Plus loin, le même dessin se reproduit plusieurs fois.

et l'orchestre en souligne l'émotion par le rappel du thème si douloureux de Sieglinde (XIII *C*).

La scène tout entière se développe ainsi largement et lentement, par une série de gradations dont chacune est une beauté.

Siegfried s'approche de nouveau ; il veut oser, il n'ose pas :

> Un fou désir me tient en son étreinte.
> Je tremble et, sur mon front, passe un souffle étouffant.
> O mère, mère ! à ton vaillant enfant,
> La vierge qui dort radieuse
> Enfin vient d'apprendre la peur ! —

L'idée de nous montrer troublé et tout tremblant en face de la femme celui que n'avaient pu émouvoir ni le dragon, ni la lance de Wotan, ni la flamme, est profondément touchante et traduit un des plus doux mystères du sentiment humain. L'irrésistible attirance l'emporte à la fin. En vain, Siegfried a-t-il appelé la dormeuse, elle est restée sourde à sa voix. Presque défaillant, il se décide alors à déposer un baiser sur ses lèvres en fleur ; et ce baiser ingénu et chaste du héros éveille maintenant la femme, comme précédemment le baiser de Wotan avait privé la vierge walkyrique de sa divinité et l'avait plongée dans le sommeil magique.

Ceci est le moment capital de l'ouvrage. Admirons avec quel art Wagner a su le préparer. Les longues hésitations de Siegfried donnent un relief extraordinaire au Réveil de Brunnhilde, qui est, du reste, en lui-même, une page d'une incomparable grandeur.

Pour le texte, on l'a vu précédemment, Wagner s'est inspiré directement des chants de l'Edda. Ce qui est à lui, bien à lui, c'est l'admirable symphonie qui accompagne toute cette scène, une des plus belles choses et des plus grandes dans son ensemble qui soient au théâtre. Les fleurs mélodiques éclosent dans l'orchestre à chaque mesure, tandis que, sur le théâtre, se déroule le plus humain des poèmes d'amour. La Walkyrie salue les dieux antiques et le jour reparu; elle salue le héros qui l'a délivrée; elle serait bien près, elle aussi, de le regarder, comme la princesse réveillée par le prince Charmant, « avec des yeux plus tendres qu'une première vue ne semble le permettre » et de lui dire : « Est-ce vous, mon prince? vous vous êtes bien fait attendre (1) ». Car Brunnhilde aussi attendait son prince. Siegfried est «son héros »; et Brunnhilde est elle-même celle que Siegfried désirait. C'est l'éternel roman des âmes qui se cherchent et des cœurs qui se rencontrent.

> Béni le sein qui m'a conçu,

chante Siegfried, et Brunnhilde entonne avec lui le chant glorieux de la Délivrance (XXIV). Seulement, Siegfried ne comprend pas encore. Il regarde, éperdu, la femme réveillée, et lui dit ingénument :

> Ma mère est donc vivante
> Et dormait seulement ?

Souriante, la Walkyrie le détrompe, et alors commence la longue et belle scène tour à tour chaste, attendrie, violente, passionnée, où Wagner nous montre le héros naïf enivré de devenir homme, et en face de lui la Walkyrie déchue s'abandonnant au charme d'aimer, puis effrayée de devenir femme, fuyant l'étreinte de l'éphèbe,

---

(1) Dans la *Belle au bois dormant*. On a déjà fait remarquer les analogies du conte de Perrault avec la légende de Brunnhilde endormie sur son rocher. Le conte est une dérivation évidente du mythe germano-scandinave.

retrouvant sa fierté farouche, mais vaincue enfin dans cette lutte inégale et se résignant au sacrifice de la divinité en jetant l'adieu suprême au Walhall et aux dieux, dans l'ivresse des abandons consentis.

Lachende Liebe, Lachender Tod! « Amour souriant, mort souriante », ainsi chantent Brunnhilde et Siegfried enlacés dans une étreinte passionnée.

Au point de vue musical, nous devons noter dans ce grandiose finale tout une série de thèmes nouveaux : d'abord les grands accords parfaits qui accompagnent le réveil de Brunnhilde (XXIII), que les harpes répètent en arpèges aériens soutenus par les cuivres et les bois. Ils sont reliés entre eux par des dessins mélodiques en tierces analogues (mais en mouvement inverse) aux dessins qui, au début de la *Walkyrie,* caractérisaient l'attirance irrésistible que Siegmund exerce sur Sieglinde. L'analogie de situation existe d'ailleurs, puisque Siegfried était destiné à Brunnhilde et que celle-ci attendait le héros promis.

On remarquera le singulier effet de trilles en tierces qu'exécutent les violons d'abord, ensuite les cuivres et les bois à l'unisson des violons, et se résolvant sur des accords brisés des harpes.

J'ai déjà signalé la mélodie nouvelle par laquelle Brunnhilde et Siegfried expriment leur joie de s'être rencontrés (XXIV). Pour la première fois dans la Tétralogie, Wagner accouple ici les deux voix (ténor et soprano) qui redisent la même phrase en imitation à l'octave et à deux mesures d'intervalle. L'effet de cet ensemble est d'autant plus saisissant qu'il est unique dans l'œuvre et vraiment en situation.

Quand les regards des amants se rencontrent extasiés, paraît une nouvelle mélodie où il y a, à la fois, de l'élan et une intimité charmante

(XXV), et qui se mêlent à des thèmes antérieurs, tels que ceux de l'Epée de Siegfried, de la Chevauchée walkyrique, de la Rédemption, etc. Les abandons de la vierge se traduisent en deux phrases délicieuses de grâce assouplie et de douceur (XXVI et XXVII), qui se répondent pendant toute la dernière partie de la scène. Le finale proprement dit est une véritable strette à deux voix. Il est bâti sur un thème énergique à quatre temps (XXVIII), exposé d'abord seul, et servant ensuite de contre-sujet aux thèmes de la Joie (XXIV), de la Délivrance (XXV) et de la Rédemption (XXI), hardiment enchaînés en une synthèse étroite et qui forment une conclusion rapide, passionnée et d'un élan superbe.

Cette grande et admirable scène du Réveil de Brunnhilde, couronnement de la jeunesse héroïque de Siegfried, fait à cette deuxième journée de la Tétralogie une conclusion égale en beauté et en éclat au magnifique tableau final de la *Walkyrie.*

Wagner a suivi exactement ici la légende norraine, qui place pareillement l'évocation de la Walkyrie immédiatement après le combat avec le dragon. Les vieilles sagas nous montrent le héros chevauchant sur sa bonne haquenée Grane ou Grani, bannière déployée, vers un bourg où il trouve la Walkyrie. Dans la *Wilkina saga,* pour pénétrer en ce château-fort, Siegfried est obligé de faire sauter les portes de fer et de mettre à mort les sept gardiens qui en défendaient l'approche. Dans la vieille Edda, la vierge qu'il tire de son sommeil est appelée *Sigurdrifa;* le nom de Brunnhilde (Brynhild) apparaît seulement dans la nouvelle Edda; et, là aussi, Brunnhilde est une Walkyrie que Wotan, pour la punir, a touchée de sa lance qui donne le sommeil.

Il est assez curieux de constater que toute cette partie de la légende est omise dans le *Nibelungenlied* allemand. Ce poème célèbre fait de Brunnhilde une femme douée d'une force démesurée : nul homme ne peut la vaincre. Elle a, de son bras invincible, frappé les plus vaillants guerriers. Elle lutte non pas avec Siegfried, mais avec Günther, que Siegfried, invisible grâce au casque magique, soutient dans ce singulier combat.

Les contes populaires allemands, en revanche, se rattachent plus directement à la légende norraine. Ils font de Brunnhilde une vierge qui a été enlevée par le dragon et qui est tenue prisonnière dans l'antre du monstre.

De ces versions diverses, Wagner a retenu tout juste les traits essentiels, qui se pouvaient rattacher à l'ensemble de sa fabulation. C'est ainsi que Brunnhilde est devenue la fille de Wotan ; elle a été punie pour n'avoir pas suivi ses ordres lors du combat de Siegmund et de Hunding ; et Siegfried la délivre, parce que Wotan, sentant la fin des dieux prochaine, veut laisser l'héritage du monde au libre héroïsme. Cette belle idée appartient à Wagner, comme aussi l'idée d'élever Brunnhilde de la divinité à l'humanité par la douleur et la souffrance, qui se développera dans le drame suivant : *le Crépuscule des dieux*. Ajoutons que, dans les sagas, on ne trouve aucune trace des rapports nombreux qui relient tous les personnages à l'idée centrale du drame, cette malédiction de l'or, dont les conséquences sont si tragiques et si terribles. Les personnages s'y rencontrent sans s'y connaître, par hasard, sans être tout au moins attirés ou poussés l'un vers l'autre. Chez Wagner, la fatalité les domine et les poursuit, et le drame résulte de ce qu'ils ne peuvent se soustraire à la nécessité qui les met en rapports constants. De la sorte, des détails qui paraissent insignifiants dans les récits des Eddas prennent une importance toute nouvelle et vraiment suggestive dans l'adaptation de Wagner. Ainsi, dans un autre ordre d'idées, Siegfried, découvrant la Walkyrie endormie sous son armure, la prend aussi d'abord pour un guerrier dans les Eddas. Seulement, il manque ici tout ce qui, dans le drame, donne un si grand charme de naïveté à cette erreur du héros. Siegfried, chez Wagner, voit pour la première fois une femme ; il n'a pas connu sa mère ; il croit même tout d'abord que Brunnhilde est celle qu'il a invoquée tant de fois en ses heures de solitude rêveuse. Tout cela est charmant, très fin, et ajoute à la donnée primitive des nuances extrêmement délicates et poétiques. L'éveil de la passion chez le héros, les pudiques abandons de la vierge qui se sent devenir femme sont devenus, de la sorte, une analyse merveilleusement profonde et vraie de ce délicieux drame de l'esprit et du cœur que l'on appelle : premier amour.

Laissons la critique se plaindre des longueurs et s'amuser, s'il lui plaît, de ce qu'elle appelle les puérilités de la mise en scène. Qu'importe au regard de l'ensemble. L'œuvre est si haute, si noble, si pure, qu'il n'en est point de pareille dans aucune littérature. Plus on la pénètre, plus on est saisi par l'universalité des sentiments qu'elle remue, par la simplicité élémentaire des luttes qu'elle évoque. La synthèse qu'elle nous présente est si forte, si puissante, qu'elle paraît indépendante de toute attache avec le passé et la réalité. Et cependant, on vient de le voir, les créations en apparence les plus libres de Wagner ont des origines si lointaines et si proches de nous tout ensemble qu'elles embrassent non pas un moment de l'histoire, non pas un type particulier, une race, mais l'homme dans son essence et l'humanité dans ce qu'elle a de plus immuable et de plus constant, c'est-à-dire ses joies, ses haines, ses désirs aveugles, ses passions folles et aussi, hélas! ses éternelles misères.

En vérité, quand on envisage la portée morale et artistique de telles compositions, on se sent un peu honteux d'avoir des admirations si faciles pour tant de choses inutiles, pour tant d'œuvres futiles et frivoles. On s'avoue alors combien est mince l'intérêt de ces histoires joyeuses ou tragiques auxquelles la musique est invitée, d'ordinaire, à prêter le secours de sa magie. Avec Wagner, on monte vers les régions où l'on ne roule plus que des idées immuables, j'entends des idées où notre conscience est profondément intéressée. Ce qui est en cause dans le grand drame des *Nibelungen,* c'est le sens même de l'univers et de la vie.

Nous n'avons jusqu'ici que des fragments de ce tableau du monde, vu par un profond philosophe, réalisé par un poète et un artiste également admirables.

A la fin du *Crépuscule des dieux* la synthèse nous apparaîtra complète en sa sublime grandeur.

Modéré.
Bassons
I.
Timp.
tr
Bassons
II
Altos
III.
3
Clar.
IV.
3
etc.
Trompette
V.
Tubas et Contretubas
VI.
8
VII.
Viol. et Violoncelles
Htb. Cl
VIII.
Viol. et Altos
Htb. Cl.
Viol., Alt, Violonc.
etc.

IX. MIME.

Poupon vagissant, mes bras t'ont re-çu Ché-tif vermis-
seau, mes mains t'ont vê-tu; C'est moi qui t'offrais à boire à manger; je t'ai dé-fen - du contre tout dan - ger.

X. Clarinette

XI. Moderato. SIEGFRIED.

Ce printemps deux oiseaux gazouil-

Violonc.

Violonc.

Contreb. P.

lant dans les bois s'appe - laienten battant de l'ai - - le

Cors et Altos

XII.
2 Cors solo
p
p
SIEGFRIED. J'ai
vu s'y re-flé - ter mon front d'a-do-les - cent.
XIII.
A
Bassons
Clarin. basse
B
Clarin.
Bassons
C
Cor angl.
Clar.
Violonc.
Bassons
Violonc.
Contr.

Modéré et solennel.

XX.

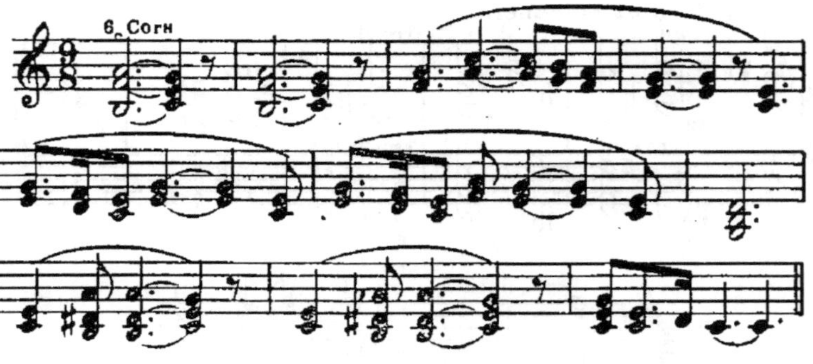

XXI.

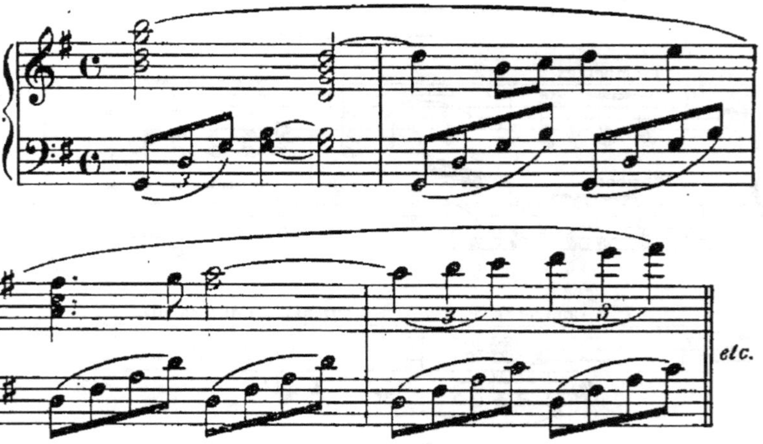

XXII.

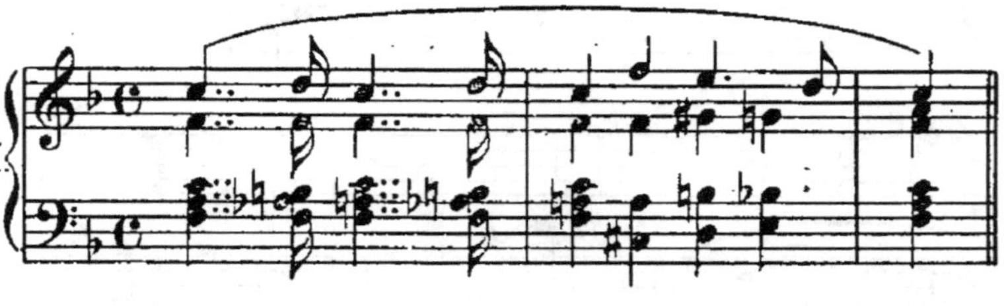

XXIII.

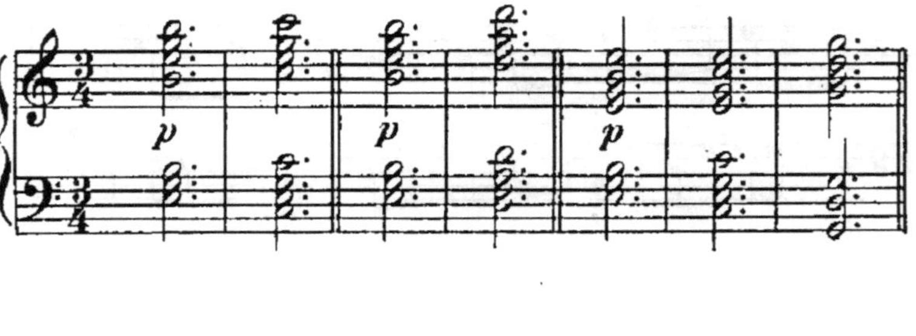

XXIV. SIEGFRIED.
Bé - ni le sein qui m'a con - çu!

XXV.

XXVI. Violons

etc.

XXVII. Tranquille et doux
Instr. en bois
etc.

Vif. fort et détaché
Cors

TABLE DES MATIERES

16 Mars 99

Bruxelles. — Imp. Th. Lombaerts, Mont.-des-Aveugles, 17

www.ingramcontent.com/pod-product-compliance
Lightning Source LLC
Chambersburg PA
CBHW060604100426
42744CB00008B/1312